狂飆的

台灣經典賽事 **18** 與備賽攻略

鐵人

目錄

超過170億台幣的
揮汗經濟效益

全球運動產業產值高達千億美元，其中驅動運動經濟發展的引擎，即是以國際大型賽事活動為核心。以舉辦區域及頻率觀之，正聚焦亞洲蓬勃發展中。同時，以大型運動賽事暨周邊娛樂文化活動為觸媒，強化城市國際定位與知名度，並帶動城市觀光旅遊，儼然成為城市行銷的洪流。

在全球路跑風氣的帶動下，以城市自然景觀地貌為賽場的耐力型運動賽事，如馬拉松、游泳、自由車、鐵人三項、障礙賽等隨之風起雲湧。依據美國「耐力型運動賽事聯盟（Endurance Sports Coalition, ESC）」指出，全美一年舉辦超過五萬場的耐力型運動賽事，參賽者超過三千萬人次，年收入超過三十億美元。再者，根據體育署委託研究報告顯示，台灣馬拉松／路跑賽事活動的前中期便可創下超過一百七十億台幣的揮汗經濟效益，而國內的耐力型運動賽事發展亦蓄勢待發，不可小覷。

不過，國內一年近千場賽事舉辦，風險也相對升高。由於參與耐力型運動賽事不能僅憑個人意志，更需要具備肌肉力量與耐力等健康體適能五大要素，以及正確的運動防護觀念，因此，耐力型運動賽事的安全維護與風險管理顯得非常關鍵，畢竟參賽者悉數安全完賽才是成功的終點線。

作者陳彥良先生基於公益及人類互助，成立了社會企業「醫護鐵人」組織，號召近千名醫護背景體育人，義務投入協助國內各項耐力型運動賽事，成為賽場上最安心的防護推手，令人敬佩。初次認識彥良，是在本人擔任高雄市運動發展局首任局長時的一場記者會上，當時他負責教育部體育署運動熱區計畫中的醫護鐵人學校，也很感謝他為了支持運發局引進國際級賽事的政策，熱心引薦國際品牌賽事 IRONMAN 及 CHALLENGE 兩大主辦單位的高層前來洽談合作事宜。

當他在 2020 年發行全球第一本介紹台灣耐力型運動賽事專書《醫護鐵人台灣經典賽事全攻略》時，本人也有幸應邀出席分享會，除了見證他個人魅力與執行力外，該書發行反應熱烈，獲得博客來暢銷書排名第五名與新書銷售第二，以及 momo 購物第二名的佳績，與有榮焉。

　　欣聞彥良即將推出新書，並邀請十八位鐵人三項完賽者，包括現役國手、知名藝人及運動媒體高層一起創作，從不同的角度描述其個人平生難忘的賽事，進而鼓舞更多的人們參與運動，追求快樂與健康。於此，也能感受到彥良資源共享共榮的無私用心。

　　值此國內疫情警戒之際，所有賽事活動受到嚴重衝擊，此書的付梓，更具有其深遠的時代意涵！期盼政府對於勇於展現台灣韌性的運動產業相關業者與從業人員，能夠多一份關注、多一分扶持。

程紹同 博士
國立台灣師範大學體育與運動科學系教授
台灣國際賽車發展協會理事長
世界休閒體育協會副主席

不設限就沒有極限

鐵人的旅程，是一場「自我挑戰」與「自我對話」的生命之旅。要勝過的不是別人，而是自己。要贏過昨天的自己，讓今天的自己更加強大與自信。日復一日、年復一年，堅持不斷地刻苦訓練，在跨過終點的那一刻，所有辛苦與痠痛，都將成為最美的回憶與感動。

剛開始接觸鐵人三項是 2009 年某個夜晚，我在 YouTube 上，一支夏威夷世界冠軍賽 KONA 的影片吸引了我的注意力。從打出的字幕中，看到了令我震撼的數字：游泳 3.8 公里、騎車 180 公里、跑步 42.195 公里，總共是 226 公里。當晚，那些數字就揮之不去地深深烙印在我心中。或許這是天意，也意外開啟了「我」和「鐵人三項」的緣份。

緊接下來的 2010 年，我給了自己挑戰世界冠軍賽的目標，並著手準備訓練目標與賽事規畫。密集訓練了數個月後，就前往大陸參加我人生的第一場 226 公里超級鐵人三項賽事。首次出征就在大陸海南島拿下冠軍，這個「冠軍」意義非凡，給我更多的信心和勇氣繼續走下去。

2010 年 10 月，我代表台灣，也是首位華人選手進入夏威夷 KONA 世界冠軍賽，以 9 小時 58 分拿下業餘分齡組的 TOP 3，同時也創下首位華人選手進入 10 小時內大關的紀錄。2013-2018 年轉往職業賽，目標是職業冠軍賽世界 TOP 10，2017 年我在德國法蘭克福以 9 小時 36 分達成，同時創下長距離賽事的華人紀錄。

鐵人運動的迷人之處，就是可以遇見同樣對運動狂熱的朋友，也是一般人眼中的瘋子。無法否認，就是瘋子才會如此瘋狂地無法自拔。雖然在練習過程中異常艱辛，極端考驗著自己的體力、耐力和意志力，但是對鐵人三項就是有種與生

俱來的熱情，不怕辛苦，這輩子就是要與它長相左右！

　　鐵人是一個非常溫馨的大家庭，鐵人們不僅熱愛參與鐵人賽，對其賽事的推廣、小鐵人的培育，到每個鐵人家庭的連結，還有社會公益的回饋與參與等等，都是相當不餘遺力。能以運動的能量去感動與感染他人，也是功德一件。

　　本書中有許多位鐵人，都是筱瑜前進職業鐵人賽事的推手與貴人，一路走來，我對他們總是心存感激。鐵人之路原本是孤獨的，但藉由書中作者們的故事與分享，大家在訓練的路上將不再孤單。

　　匯集各個作者多年身體力行的精華，可以節省不少摸索時間，能夠一次吸取多位鐵人的精髓之路，就是這本書了！非常榮幸受邀為這本書寫序，最後也想送給所有喜愛鐵人三項運動的讀者們：「不設限就沒有極限」，與大家共勉之。

李筱瑜

台灣之光、三鐵一姐

有沒有一件事
讓你發現自己很勇敢？

　　當你很專注在一件事物的時候，有沒有曾經回想最初為什麼會這麼用心、認真與執著在這個事物上？過去因為受邀出席講座的關係，時常需要分享踏入鐵人運動的原因，我也時常想到人生第一場鐵人賽的慘況⋯2005年台南統一盃鐵人賽跟老師借公路車，大抽筋走完10公里，躺在醫護站當下，雖然抽筋讓身體很不舒服，但很佩服完成初鐵的自己，喜悅的成分大於痛苦，就在準備離開醫護站同時，我跟身旁的家人說：「我想繼續玩鐵人。」這一句話我堅持到現在，即便挫折多於成功，但我還在持續著，而且越來越喜歡。

　　鐵人三項很特別，必須有一定的經濟能力、高度的自我要求能力和一顆不怕失敗的心。書中所介紹的每一位人物，在各自領域都有相當的知名度，踏入鐵人三項運動之後，在這個領域重新認識自己，在忙碌的工作中規劃出有限的時間訓練，在訓練同時兼顧家庭、朋友與社交，然後在一次又一次的賽事中，跌倒、失敗、再一次挑戰、不斷地挑戰，達到自己設定的目標，接著再一次追求突破。

　　鐵人運動越來越熱門，參加的族群廣大，每個人參加鐵人賽都有不同的動機，每一位參賽者都有一個值得分享的故事。正在閱讀此書的你，或許聽過我分享自己的故事，也聽過鐵人一姊分享過的故事，而我想再與你們分享書中人物的每一段故事，都值得你們細細品味，也可以透過這本書了解台灣經典的賽事、琢磨所謂的「鐵人精神」、思考所謂的「享受」賽事、感受所謂的鐵人魅力。接著問問自己：有沒有一件事讓你發現自己真的很勇敢？勇敢地接受挑戰、接受改變和挫折，然後保持初衷，繼續面對人生所有考驗，並且勇敢按下鐵人賽的報名鍵。或許，下一個與大家分享的會是你的故事。

謝昇諺
SHCoaching 創辦人、鐵人一哥

別想太多，先做再說！

　　人生第一次參與鐵人賽事是 2015 年 10 月，在台灣的鐵人聖地－台東，對我這麼一個沒有運動細胞也沒有運動習慣的都會女性來說，當時在活水湖一度嗆水嚇到、騎車時戰兢怕摔、跑步段忍受體感 38 度的高溫。賽道上，自己心裡不停納悶滴咕著「莫名其妙！我是怎麼會出現在這種地方？！」萬萬沒想到，這幾年我拉著老公小孩、推坑朋友，連幾年都把鐵人賽事當成家庭年度旅遊來規劃。

　　常有人好奇問我，成為運動咖的轉變是怎麼開始的？其實就在 2015 年初，不知怎地突然冒出「今年要養成運動習慣」的新年新希望。這輩子真能落實的新年新希望沒幾個，但是這次我挺認真，經同事介紹，在農曆春節後第一次踏進「鐵人工廠」，這個我原以為此生無緣的地方。在固定每週一次肌力訓練後，慢慢發現自己可以跑，被「工頭」Jovi 推坑報名第一場鐵人賽，才開始加碼練車和游泳，就這麼糊里糊塗上了賽道。記得初鐵進終點時，看到等在一旁的先生（他早已完賽等我回來）和女兒們，激動落淚。進終點的感動大大激勵了我，也讓我養成運動習慣維持到現在，即便懷老三期間，也不間斷重訓直到生產前一週才休息。

　　我總是和人分享，要開始運動，最難在於克服心魔、跨出去的第一步。聖經上有句話「你要保守你的心，勝過保守一切，因為一生的果效是由心發出」，其實運動也是這樣，心思意念一轉換，立刻就左右自己的行動能力，從消沉懶散到積極奮起，其實就在一念之間而已。

　　執筆推薦本書之時，正是台灣面臨 COVID-19 本土爆發的緊張時刻，所有比賽已經取消或延期，日常訓練也被迫調整，因此特別開心看到《狂飆的 18 鐵人》出版，透過鐵人先進和神人們的分享，好像也看到了某部分的自己。雖然不論成績或強度都遙遙不及，但每一篇故事都激勵了我，相信同樣也鼓勵到你。先設定個挑戰目標吧！別想太多，先做再說，就會發現改變是真的會發生。

夏嘉璐

鐵人主播 lulu

推薦序

千帆歷盡　鐵人依舊少年

　　認識彥良是他還在念大學的時候，一個陽光又極富朝氣的男孩！從大學、研究所、一路進入職場，看著他不同階段的跑道轉換，各式各樣的斜槓閃耀照亮於一身，唯一不變的是，其始終對周邊人事物保持熱情，在設定的目標場域全力以赴，初心不忘。故而在多年後，我從學界轉赴業界，輾轉得知彥良近年致力於「醫護體人」公益推廣與賽事服務，內心除了敬佩，倒也不太意外，因為這特質很符合當年我所認識的那位大男孩，果敢、創新與堅持。

　　在了解彥良「醫護鐵人」締創心境，以及對運動賽事旅遊的見解和倡議，我內心非常佩服認可。除了因為對其信任而認可，更在於彥良在架接幾個不同領域產業時，因有著紮實的學識支撐與豐厚人生、職場經歷，故而每個面向都能周全兼顧，使事情的本質效益更加提升。

　　以運動賽事旅遊來說，雖然遇逢疫情，然在過去十幾年運動觀光產業都是以極快速度增長，近年來亦廣為各區域、國家、地方政府與民間企業團體推動支持。如何在後疫情時代，藉由運動旅遊的布局規劃來提升人類健康防護，振衰起敝、刺激帶動百業蕭條的民生經濟，便顯得格外重要，意義斐然；而此亦為彥良對於敝司和觀光旅遊同業諸多指導提升之處。

　　此外，國際觀光旅遊多元化結合運動賽事，已是該產業的主流趨勢。各國政府亦積極爭取各種賽事的主辦權，一來帶動觀光，二來強化自身國民之運動休閒，三則提升國家城市的能見度與文化輸出，可謂一舉數得。台灣雖小，但觀光旅遊資源豐沛，只是過去疏於行銷與跨界整合，因此仍有很大發展空間。彥良以孤煢之力，號召志同道合之士，輔以「醫護鐵人」之濟，在可預見的疫後國際報復性旅遊，定能走出一條不同的大道輝煌。

漫漫人生歷程，什麼是終點？如何定義輸贏？有答案，但不具象。下半場的失敗，是否就能抹殺無視上半場的努力？而下半場的成功，豈可忘卻這是一次又一次的跌倒與再站起。彥良於本書所召集的十八位鐵人執筆，各自分享不同賽道上的故事，有艱辛、偶淚水、雜歡笑、迎喜悅，每一位都是獨一無二的寶貴經驗，寓意抒發的都是拚搏到底、抗受孤寂，與超越自我的堅持不懈！

　　歡喜彥良新書出版，迫不急待想交會、領略每位鐵人的百鍊風華。願所有的一路走來，千帆歷盡，鐵人依舊少年。

張仕賢 博士
易飛網集團營運長
中華港澳之友協會副會長兼秘書長
淡江大學中國大陸研究所助理教授
台北海洋科技大學前主任秘書

作者序

寫下專屬自己的
運動故事

　　什麼樣的賽事能做為選手心中的「經典」？在我的第一本書《醫護鐵人台灣經典賽事全攻略》裡，為了能客觀挑選避免爭議，嘗試用歷史紀錄中曾舉辦三次、並且在運動筆記（台灣最大耐力型賽事網路平台）賽事評分中平均 3.7 分（滿分 5 分）以上，為經典賽事做一定義。然而無論如何，一個人寫書終究有主觀思辨的問題，於是今年我廣邀十八位名人，將他們心中永生難忘的鐵人三項、馬拉松、自行車或是長泳賽事的點滴寫下並彙集成書。

　　《狂飆的 18 鐵人：台灣經典賽事與備賽攻略》由我主筆二十頁，對台灣歷年度賽事進行分析，將各運動賽制及最夯賽事介紹給大家，再由十八位作者每人分別以十餘頁篇幅，寫下他們生平印象最深刻的賽事及訓練方式，甚或對比曾參與過的海外賽事之異同，並透過統一規劃的編排，讓讀者們不僅能深深融入每位作者汗水、淚水交織的比賽故事，更能快速地一手掌握實用的賽事特色、備賽攻略與作者獨家心法精華，從各面向去回顧一場經典賽事。

　　十八位作者不僅是在各領域的佼佼者，更是鐵人三項的完賽者，如藝人姚黛瑋、名模王心恬、節目主持人段慧琳及李詹瑩、運動專欄作家王柏青與何航順、台灣鐵人三項公司董事長林澤浩、運動筆記創辦人姚焱堯、越野國手江晏慶及許元耕；三鐵國手王千由、林金財、郭修森、郭家齊、謝伯韶、楊志祥；自行車名人范永奕與捷安特代表林玉芳。作者群身分的多元性，是為了能讓不同運動程度的讀者透過字裡行間的交流，找到適合自己風格的賽事屬性及運動訓練方式，更希望在看完他們的熱血經歷後，進一步寫下專屬你自己的運動故事。

陳彥良

醫護鐵人創辦人

台灣耐力型賽事
發展與趨勢

醫護鐵人

陳彥良

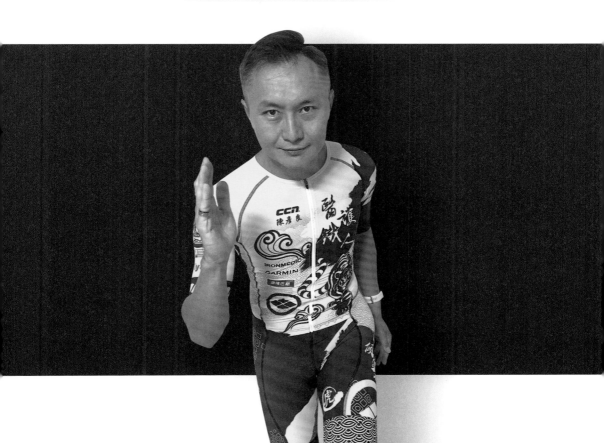

▍耐力型賽事總分析

相較於許多已開發國家，台灣的耐力型賽事雖然起步較晚，但觀察數據可以發現，耐力型賽事近年已成為健身的一股熱潮，相關賽事呈現爆炸式增長。而隨著科技進步，主辦單位吸引報名的方法也不斷推陳出新。

賽事數量大爆炸

1970 開始，歐美等國率先出現跑步熱潮，緊接 90 年代傳播到日本，爾後帶動起相關的耐力型賽事（路跑、馬拉松、自行車、越野賽、長泳、鐵人三項）。至於台灣，從 2008 年全民瘋單車，隨之而來全台路跑賽事盛行，2013 年全台灣約有 266 場路跑活動，到了 2014 年倍增至將近 511 場，平均每個週末就有 7-8 場各式路跑活動在舉辦。

2015 年，台灣境內舉辦耐力型賽事總計 911 場，達到歷史巔峰，其中馬拉松賽事數量為 233 場，較 2014 年大增了 71 場；半程馬拉松或路跑賽事數量為 347 場，較 2014 年增加 29 場。鐵人相關賽事也於 2017 年來到歷史新高 52 場，觀察賽事的消長可見運動人口與類型隨著時間演變，漸漸挑戰更高難度的體適能發展。

雖然近年賽事數量呈現趨緩，但越野跑開始有逐年上升的趨勢，而整體運動人口與風氣也大幅提升。值得注意的是，2020 年台灣雖受到新冠肺炎影響，上半年幾乎所有賽事被迫取消，但因為台灣防疫有成，下半年度呈現賽事日期遞延效應而大爆發。令人扼腕的是 2021 年 5 月後，台灣受到新冠肺炎疫情影響，導致賽事直至本書出刊前仍全面停擺。

以右頁圖表各年度耐力型賽事發展趨勢來看，可以發現雖然多類賽事數量呈現下滑情況，但馬拉松及鐵人三項仍有一定的場次，代表有固定的運動人口支撐其賽事運營。特別值得注意的是越野跑的逆勢崛起，也意味著賽事朝向多元化發展，既有參賽族群已開始嘗試新的賽道風格。

各年度耐力型賽事數量

賽事類型 \ 年度	2013	2014	2015	2016	2017	2018	2019	2020	2021/1-5	總和
路跑	149	318	347	344	313	272	214	176	73	1865
馬拉松	100	162	233	236	221	242	230	209	118	1286
單車	127	94	126	117	137	141	132	55	7	813
超馬	3	8	89	80	73	73	75	115	47	511
鐵人	36	33	38	36	52	32	29	20	11	257
越野跑	17	13	28	31	28	45	49	41	15	244
迷你馬 & 健走	13	21	23	34	40	48	36	17	5	219
長泳賽	10	6	2	4	7	11	5	4		41
小鐵人	3	2	4	5	4	5	8	3	1	31
登高賽	2	2	4	3	4	3	6	3		19
跑步繞圈賽			6	6	1	1	1	3		18
志工馬	2	1	2	1	1		1			7
總和	462	667	911	894	879	871	785	632	268	5283

· 以上數據為登錄於運動筆記之資料，未登錄者不納入
· 表格統計至 2021/5 新冠肺炎疫情進入三級之前
　資料來源：運動筆記及筆者整理

各耐力型賽事年度發展趨勢

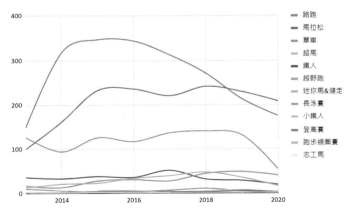

資料來源：運動筆記及筆者整理

　　依照下表分區來看，2016-2020 年間，全國十一個縣及三個市舉辦不同型式的耐力型比賽，其中新北市以累積 478 場位列數量第一，台中市、台北市皆超過三百場，位居第二及第三名。可見耐力型賽事舉辦地點普遍集中在人口較稠密、運動人口相對較多的城市。

2016-2020 台灣舉辦耐力型賽事城市排名

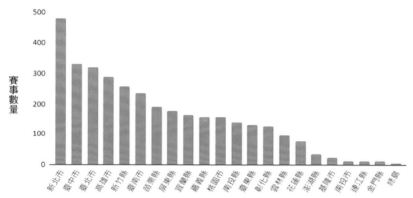

資料來源：運動筆記及筆者整理

網路科技助賽事一臂之力

　　從前面各表格的時間軸可以發現，隨著科技與資訊大躍進，互聯網與物聯網（見下表說明）對賽事的成長有相對性的影響力。從 4G 甚至到 5G 的網速變化，以及雲端運算和大數據持續發酵，台灣耐力型賽事也具備互聯網與物聯網的概念與功能，連帶快速推動相關產業發展，更改變了許多運動的模式，舉例來說，除了運用於賽事、課程報名和資訊發布，也可以增進運動團體情感的交流。

　　此外，運動者身上配戴的各式智慧可穿戴式裝備（如 GARMIN 整合社群及訓練資訊，甚至緊急狀況通報）、自行車上各式連網車錶或是功率計，能夠及時偵測並回傳精確數據，成為一種新的物聯網機制，並透過社群平台如 Facebook、Instagram 與外界交流，使耐力型運動更具有魅力、增添了許多樂趣與參與度。生活與運動完美結合的物聯網是未來服務創新模式之一，並持續擴大相關經濟與產業規模。

	互聯網 Internet	物聯網 The Internet of things
說明	又稱「網際網路」，簡單來說就是網路與網路之間串連成的龐大網路系統。透過互聯網中相互關聯的電子郵件、檔案分享服務、通話還有全球資訊網（WWW）的應用，顛覆了很多傳統商業模式，例如將銷售產品變為販賣內容與服務。	物聯網是建立在互聯網上無所不在的網路，也就是物聯網技術的重要基礎和核心仍是互聯網。物聯網將物品串聯無線通訊技術的資訊感測設備，與互聯網連接起來，簡單來說，我們所使用的東西透過物聯網對我們的行為進行感知及預測。
舉例	1. 運動筆記：提供參賽者比賽相片、文章交流、賽事搜尋服務的網站平台暨媒體。 2. 活動咖：台灣最具規模的賽事報名平台。 3. 單車誌、單車身活、動一動、單車時代：知名運動專業報導網站。	1. 跑步或做其他運動時，透過身上穿戴的 GARMIN Forerunner 745 鐵人運動錶來觀測自己的心跳、消耗熱量等數據；發生意外時，能自動透過連結手機傳出意外訊號給指定的親友。 2. 騎乘單車時，踩踏大盤所採用的 ROTOR 2INPOWER 功率計，可精準掌握重要的騎乘數據，如迴轉速及踩踏輸出功率。 3. 參加賽事時，大會提供的晶片可提供計時、成績印製等功能。

賽事四大行銷策略

◆ **產品策略：**主要的產品包括賽事活動限定服飾 T-shirt 或背心、限定版運動帽、完賽紀念毛巾或大浴巾、完賽紀念獎章、賽事紀念品（背包或行李箱）、伴手禮（飲料甚至是當地名產）、成績證明。

◆ **價格策略：**依照賽事種類及路線距離不同而提供不同的服務，所以報名費有極大差異，消費者可依據自身體能及需求選擇適合的賽事服務。以下是各類型賽事的平均價格。

	全馬	半馬	單車賽	長泳賽	越野賽	鐵人三項 51.5	鐵人三項 113	鐵人三項 226
常見價格 NTD	600-1,300	500-900	500-900	600-1,000	300-2,500	1,800-3,600	5,000-9,000	8,000-20,000

資料來源：運動筆記及筆者整理

◆ **通路策略：**台灣賽事常藉由 Facebook 社群的粉絲專頁或運動社團、主辦單位官網，或是報名平台如活動咖、伊貝特等發布相關資訊；報名也能透過報名平台在超商如 7-11 的 iBON 系統完成繳費手續，便利又親民。

◆ **促銷策略：**透過口碑行銷，或是藉由知名運動平台如運動筆記中參賽者的評價、影片宣傳、新聞介紹等方式推廣賽事特色。一般藉由早鳥、團報、

各類獎金或邀請知名選手參賽的方式，提升消費者報名意願。

主辦單位演變三階段

◆ **第一階段（1980-1990）**：政府部門與非營利組織相關協會辦理，如第一屆台北馬拉松於 1986 年由台北市政府主辦、中華民國田徑協會協辦。

◆ **第二階段（1991-2009）**：大型企業與非營利組織相關協會辦理，如 1991 年統一盃鐵人三項，以及 2001 年台北市政府、家樂福文教基金會和中華民國路跑協會共同舉辦的台北馬拉松。

◆ **第三階段（2010 迄今）**：非營利組織相關協會與私人公關、運動、行銷公司辦理，如 2019 年台南國際馬拉松由展通虹策略整合行銷股份有限公司得標承辦，2021 年輪動台灣自行車系列賽由昇陽自行車主辦，2021 FORCE 洄瀾鐵人三項賽由知名三鐵教練賴曉春所主持的「瘋三鐵」舉辦。

▎路跑・馬拉松賽事分析

　　馬拉松歷史由來已久，其傳說首次被記載於公元一世紀時普魯塔克的雜文 On the Glory of Athens，他引用赫拉克利德斯失傳的著作，敘述希臘士兵跑經馬拉松平原回到雅典傳達勝利消息。而馬拉松的標準長度由國際田聯在 1921 年正式確立，為 42.195 公里或 26 英里 385 碼。1980 年代後，半程馬拉松（21.0975 公里）在民間興起，由於進入門檻較許多運動低，加上媒體推波助瀾，近年躍身成一股全民運動潮流，進而在全球產生數以萬計的馬拉松愛好者，甚至許多國際知名的馬拉松賽事，每年都吸引成千上萬跑者不遠千里參加一睹其丰采，例如世界六大馬拉松就是不少跑者畢生的終極夢想。從柏林馬、芝加哥馬、東京馬、芝加哥馬、紐約馬，到參加門檻最高也是最難入手的波士頓馬拉松，都讓跑者們趨之若鶩。

馬拉松在台灣

　　台灣的馬拉松運動起源可從 1947 年的第二屆省運會追溯起，至 2021 年 7 月台灣跑者廣場馬拉松普查網顯示，該網會員登錄的統計資料總人數共 23,938 人，平均完賽次數為 24.16 次。

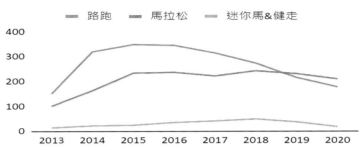

2013-2020 台灣路跑／馬拉松賽事數量趨勢

資料來源：運動筆記及筆者整理

　　台灣目前常見的路跑競賽依距離分為四類：第一類迷你馬或健走，約 10 公里以下；第二類是一般性路跑（Road race），距離為 10-42.195 公里之間；第三類是馬拉松（Marathon），規定距離為 42.195 公里；第四類則是超級馬拉松（Ultra-marathon），凡距離超過標準 42.195 公里以上的路跑賽事都可以稱為超級馬拉松，一般簡稱超馬。而賽事活動依主題特色或主辦單位之不同，又可以分成以下五種：

◆ **公益路跑：**由公益團體自行舉辦或藉由舉辦賽事將所得捐贈給特定組織，主題常見如弱勢關懷、環保或動物保育等議題，如創世基金會的 RUN TO LOVE 公益路跑系列、伯立歐蕎麥公益路跑。

◆ **城市或地方產業行銷：**由地方政府主導，透過路跑賽事行銷城市特色或活化當地產業經濟，如台北馬、高雄馬、鹿港馬、嘉義馬。

◆ **企業路跑：**企業透過賽事，讓消費者對品牌有更深的黏著度或提升知名度，例如岱宇馬拉松、澎湖遠航馬拉松、渣打台北公益馬拉松。

◆ **創意或主題路跑（Fun Run）：**結合時下流行的動漫或卡漫主題，例如鬼滅之刃路跑、OPEN 小將路跑。

　　我們從下表各年度熱門賽事可以發現，近年知名路跑賽事的舉辦模式是由縣市政府主辦、大型企業掛名，並交由專業賽務執行單位如中華民國路跑協會、展通虹金牌賽事、光圈優質賽事以及活動咖等主導，在三方資源合作下，成就一場為選手們津津樂道的獨特賽事。

全台歷年馬拉松賽於運動筆記點閱數排行 TOP10

排行 ＼ 年份	2016	2017	2018	2019	2020
TOP1	台北馬拉松	台灣米倉田中馬拉松	台灣米倉田中馬拉松	渣打台北公益馬拉松	花蓮太平洋縱谷馬拉松
TOP2	台灣米倉田中馬拉松	雲朗觀光太魯閣峽谷馬拉松	新北市萬金石馬拉松	台北馬拉松	ZEPRO RUN 全國半程馬拉松 - 新北場
TOP3	太魯閣峽谷馬拉松	新北市萬金石馬拉松	Taishin Women Run Taipei 台新女子馬拉松	高雄 MIZUNO 國際馬拉松	屏東馬拉松
TOP4	高雄 MIZUNO 國際馬拉松	合歡山超級馬拉松	台北馬拉松	新北市萬金石馬拉松	新北市萬金石馬拉松
TOP5	藍鯨坪林「戀山海」超級馬拉松路跑	旗山馬拉松香蕉路跑	渣打台北公益馬拉松	新屋魚米之鄉馬拉松	ZEPRO RUN 全國半程馬拉松 - 台南場
TOP6	台南古都國際馬拉松	台北馬拉松	雲朗觀光太魯閣峽谷馬拉松	台灣米倉田中馬拉松	渣打台北公益馬拉松
TOP7	新北市萬金石馬拉松	府城安平仲夏夜浪漫星光馬拉松	花蓮太平洋縱谷馬拉松	台南古都國際馬拉松	高雄富邦馬拉松
TOP8	MIZUNO 馬拉松接力賽	鹿港馬拉松	新屋魚米之鄉馬拉松	新竹市城市馬拉松	蘇花馬拉松嘉年華路跑賽
TOP9	南投馬拉松	高雄 MIZUNO 國際馬拉松	虎馬全國烤雞馬拉松	金門馬拉松	台中國際馬拉松（原台中花博馬拉松）
TOP10	新竹城市馬拉松	渣打台北公益馬拉松	台南古都國際馬拉松	日月潭環湖馬拉松	台灣米倉田中馬拉松

資料來源：運動筆記及筆者整理

▌自行車賽事分析

2008 年台灣開始興起一股單車運動熱，無倫是親子單車活動、中長距離自行車活動或是長距離自行車挑戰賽，往往都能吸引三四千人參加。雖然一度熱潮稍退，但自行車族群已有一定人口，且近年各類自行車賽事數量也幾乎在一百場上下，有些場次甚是開放報名即秒殺，例如每年在彰化或南投舉辦的美利達盃及捷安特自行車挑戰賽。全球受到新冠肺炎疫情影響，相關賽事幾乎全線停擺，然而台灣在 2020 至 2021 年 4 月期間因防疫有成，持續舉辦不少自行車賽事，但以世界趨勢來看，持有接種疫苗護照參賽可說是重要趨勢。

2013-2020 台灣單車賽事數量趨勢

資料來源：運動筆記及筆者整理

台灣四大系列自行車賽

2021 年，交通部觀光局以「自行車旅遊年」包裝行銷相關賽事，在政府的資源挹注下賽事數量普遍增多，值得關注的自由車聯賽制度更以新的型態回歸台灣賽道。以下集結 2021 年賽季規劃舉辦的賽事（因為新冠肺炎疫情影響，停賽資訊請依照各賽事官方公布為主）。

◆輪動台灣公路系列聯賽

結合新玉門關、環南化水庫、175 咖啡公路及崁頭山登山賽等騎乘路線，由昇陽主導聯手各廠商推出的「輪動台灣」以年度系列賽做為主線，並推出單站排名（菁英組與女子組也增設個人年度總排名以及車隊總排名）與高額的獎金，讓參賽者在台南的山勢丘陵與府城中競騎。

◆ 96 聯賽

由 96 自轉車結合國內廠商舉辦的「96 自轉車聯賽」，標榜以 UCI 國際自行車總會的規格辦賽，並以年度系列賽為規畫，賽道多元，包含平地站、登山站與丘陵站，並祭出高達一百萬元的總獎金讓高手競騎。各站包括：開幕戰「NeverStop 永不放棄－塔塔加探索新中橫自行車活動」、第二站「桃園市長盃自由車錦標賽」、第三站「NeverStop 永不放棄－挑戰巔峰－武嶺」，以及收官戰「彰化讚」。

◆ 登山賽

2021 年除了挑戰武嶺的「台灣 KOM 自行車登山王挑戰」及「建大輪胎武嶺盃」之外，還有「破風王 - 西拉雅百 K 自行車挑戰賽」、「破風王 - 南投 139 百 K 自行車挑戰賽」、「破風王 - 石門水庫自行車挑戰賽」、「彎道王 - 梅山 36 彎挑戰賽」、「破風王 - 中苗山海自行車挑戰賽」、「陽明山自行車登山王挑戰」、「DOSUN 宜蘭太平山自行車賽」等爬坡賽。特別值得一提的是武嶺的 KOM 登山王，曾於 2014 年被法國自行車雜誌 Le Cycle 評為世界 10 條最艱難和最美的 50 條自行車賽路線之一。

◆ 經典賽

說到每年自行車同好朝聖的 CP 值爆表賽事，莫過於「美利達彰化經典百 K 單車自我挑戰」、捷安特風中劍系列，以及「時代騎輪節」。因為中彰投為自行車重鎮，故相關賽事則皆以中區為主，而以西濱公路為主的「雙主場輪霸西濱自行車挑戰」與台東「戀戀 197」，也於 2021 年分別邁向第十一屆與第十三屆。

為了讓大家一目了然近年令全台車友矚目的台灣自行車賽，筆者整理以下表格，來盤點一下自己參加過幾場吧！

全台歷年自行車賽於運動筆記點閱數排行 TOP10

年份 排行	2016	2017	2018	2019	2020
TOP1	捷安特自行車嘉年華	戀戀197東海岸自行車公路賽暨全民單車逍遙遊	美利達‧瑪吉斯盃彰化經典百K	美利達‧瑪吉斯盃彰化經典百K	雙主場輪霸西濱200K/100K
TOP2	美利達‧瑪吉斯盃彰化經典百K	輪躍台南單車嘉年華	戀戀197自行車公路賽	美利達盃南投百K單車嘉年華	萬眾騎BIKE
TOP3	滿天星系列挑戰－金星 扶輪BASSO盃櫻木花道	TWB北高380認證	大高雄經典百K－單車嘉年華暨黃亭茵見面會	時代騎輪節	梅山36彎挑戰賽
TOP4	輪躍台南單車嘉年華	TWB雙塔520認證	TEKTRO&MOSSO盃國際單車雙塔24H極限挑戰	NeverStop永不放棄 紫南宮－騎來發財 環縣自行車99.9K	南橫公路自行車挑戰賽暨親子逍遙遊
TOP5	貫勝盃單車台中快樂遊暨單車成年禮	美利達‧瑪吉斯盃彰化經典百K	時代騎輪節	萬眾騎BIKE好運豬豬來	樂活屏東暢遊百K-單車嘉年華
TOP6	樂騎鐵瑪趣遊壽山	雙進武嶺	好個禮Bike天台灣精品自行車嘉年華	雙主場 輪霸西濱200K/100K	嘉義市自行車旅遊節－騎道嘉義趣
TOP7	大高雄經典百K單車自我挑戰	捷安特嘉年華－Liv Day 青輕騎、越野障礙賽	五府千歲平安祭BoBi騎	戀戀197自行車公路賽	TCTA東雙塔挑戰賽
TOP8	輪霸西濱雙主場	時代騎輪節	輪霸西濱雙主場	滿天星挑戰系列－Stage 8 詩情畫意羅馬公路挑戰	LAVA Tour de Pingtung 環屏東自行車挑戰
TOP9	群山環繞平溪經典單車挑戰	萬眾騎BIKE	萬眾騎BIKE	雙港認證（雙主場）	集鐵小鎮·瘋鐵馬
TOP10	NeverStop永不放棄－塔塔加探索新中橫自行車活動	花現龍井單車逍遙遊	桃園不落3－騎趣野餐	環大雲林自行車挑戰	台灣盃國際單車環島96H小時挑戰

資料來源：運動筆記及筆者整理

▍長泳賽事分析

　　相較於自行車、路跑與鐵人三項賽事，台灣雖然四面環海，但長泳賽事卻是寥寥可數（見下表），常年有在舉辦的莫過於台東活水湖、泳渡日月潭及澎湖泳渡系列等。

2013-2020 台灣長泳賽事數量趨勢

資料來源：運動筆記及筆者整理

長泳賽在台灣

　　如果想游海水但不想受太多風浪影響，可以考慮愛河或大鵬灣長泳賽，大鵬灣是國內唯一囊狀潟湖，上述兩地有別於日月潭淡水湖泊，也不同於綠島或西子灣的外海環境，加上南台灣秋冬氣候溫暖宜人、不受東北季風影響，因此從事水域活動安全係數較高（目前台灣幾乎所有長泳賽事都須自行佩戴魚雷浮標，以保障安全）。有些隱藏版賽事如「2019 明德水庫公益長泳嘉年華」，是國內少數在水庫舉行的長泳活動，若覺得海泳太難又不想在日月潭人擠人，這類賽事是不錯的選擇。

　　如果將賽事的多元性、樂趣和氛圍納入考量，建議泳者們可以選擇鐵人三項接力中的游泳項目，跟好友們一起挑戰。以下是台灣較受關注的長泳賽事，我們也可以看出，這類賽事數量少，網路點閱數又明顯比其他類比賽少，屬於相對小眾的賽事類型。

全台歷年長泳賽於運動筆記點閱數排行 TOP10

年份 排行	2016	2017	2018	2019	2020
TOP1	基隆外木山 海上長泳	日月潭國際 萬人泳渡嘉年華	tSt 鐵人三項聯賽 暨鐵人兩項、游 泳單項賽 新北站	日月潭公開水域 游泳挑戰賽	日月潭開放水域 游泳挑戰賽
TOP2	蘭陽海上長泳－ 迎向龜山	泳遇愛河長泳	CHINESE TAIPEI 日月潭 公開水域游泳 錦標賽	活水湖長泳 嘉年華	活水湖長泳 嘉年華
TOP3	泳遇愛河長泳	tst 台中市市長盃 海上長泳錦標賽	日月潭國際 萬人泳渡	綠島海上長泳	綠島海上長泳
TOP4	冬暖澎湖 泳出健康	老衢國際海泳 嘉年華	泳渡世界最美麗 海灣 澎湖灣	明德水庫公益 長泳嘉年華	日月潭國際萬人 泳渡嘉年華
TOP5		冬暖澎湖 泳出健康	PASAWALI 活水湖游泳 錦標賽	蘭陽海上長泳	
TOP6		tSt 微風運河 長泳賽	蘭陽海上長泳		
TOP7		外木山 海上長泳活動	活水湖悠游湧泉 長泳嘉年華		
TOP8			明德水庫長泳		
TOP9			外木山 海上長泳		
TOP10			游覽綠島 珊瑚水世界 海上長泳活動		

資料來源：運動筆記及筆者整理

▍鐵人三項賽事分析

　　鐵人三項（Triathlon）又稱三項全能，簡稱三鐵或鐵人賽，是由游泳、自行車、跑步三項運動組成的比賽。從 1978 年第一場賽事在夏威夷舉行後，發展出了各種距離搭配的比賽，如奧林匹克國際標準距離 51.5（游泳 1.5km、自行車 40km、跑步 10km）；超半程 113（游泳 1.9km、自行車 90km、跑步 21.09km）；超級鐵人 226（游泳 3.8km、自行車 180km、跑步 42.195km）；還有超長距離鐵人賽（游泳 9.6km、自行車 360km、跑步 84km）。

鐵人三項賽在台灣

　　台灣的鐵人三項賽事發展可追朔於 1991 年統一企業在花蓮鯉魚潭舉辦的 51.5 標鐵，爾後，這場比賽也成為亞洲巡迴賽之一。1994 年，中華民國鐵人三項協會經內政部核准建立，成為全國性的體育運動協會，代表台灣加入國際鐵人三項協會（ITU），並舉辦了幾場全國性賽事，成為全國性的體育運動協會。

　　隨之在後，台北市、高雄市及各縣市也相繼成立協會並定期舉辦比賽，除此之外，民間鐵人三項團體也由原有的晨跑會、自行車隊成立。統一盃鐵人三項賽從 1992 年的 250 人，成長到 2008 年 4744 人，然而到 2009 年統一企業沒有意願繼續支持經費，因而停辦統一盃，這場經典賽事便走入歷史。

　　幸好，台灣的鐵人三項賽事沒有因為統一盃停辦而消失，反而有更多的地方性協會開始籌辦區域性鐵人三項賽事，包括台東超級鐵人三項協會、台東縣城鄉生活運動協會、花蓮體育會鐵人三項委員會、台東縣鐵人三項運動委員會、高雄市體育會鐵人三項委員會、新北市超級鐵人運動發展協會、台灣超級鐵人三項協會、台灣超級鐵人運動發展協會等。

　　在台灣馬拉松熱潮過了高峰後，許多人轉投入多元化的鐵人運動，使鐵人三項賽事數量在 2017 年迎來了歷史最高峰 52 場（如右表），而近年

台灣的鐵人三項賽事每年都超過三十場，參賽人數亦穩定成長，代表已有一定的鐵人族群持續支持這項運動發展。

2013-2020 台灣鐵人三項賽事數量趨勢

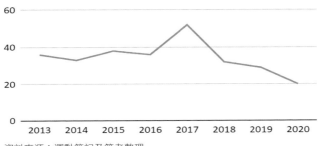

資料來源：運動筆記及筆者整理

　　台灣鐵人賽事舉辦月份集中在 3-5 月及 9-10 月，因為有游泳項目，多數會避開避免碰水的農曆鬼月 7-8 月。最常見舉辦地點為台東，主因除了當地政府極力支持，相較於海水的多變不可控風險，安全係數高的淡水活水湖也是一大考量。台東無論哪一場鐵人賽事，游泳項目都是在活水湖；自行車路線也很單純，沿著台 11 線不是向北就是向南騎；跑步則清一色在活水湖周邊道路。因此，台東的賽事在全台所有鐵人賽中難度較低。

　　以 2021 年實際參加報名人數而言，4 月 24-25 日主打歡樂與家庭溫馨感的國際三鐵主辦單位 Challenge Taiwan 台東為一大吸票機，超鐵 226 組有 450 人、半程超鐵 113 組有 2100 人、標鐵 51.5 組有 2500 人、半鐵 25.75 組有 80 人，總計高達 5130 人參賽。另外，4 月 10-11 日本土主辦單位的普悠瑪鐵人三項位居第二，226 有 311 人、113 有 1182 人、51.5 有 1631 人、47.5 有 184 人，小鐵人則有 526 人，總計達 3834 人參賽。

　　口碑良好的鐵人三項賽報名人數年年攀升，更帶來全家大小、鐵友，甚至跑團或單車團一起運動旅遊的觀光人潮，其帶動的觀光動能和周邊商機不容小覷。讓我們來看看全台各地每年有哪些眾所矚目的鐵人賽事。

全台歷年鐵人三項賽於運動筆記點閱數排行 TOP10

年份 排行	2016	2017	2018	2019	2020
TOP1	運動 i 台灣 台東之美 鐵人三項 國際賽暨三項 接力賽	Challenge Taiwan 國際鐵人三項 競賽	台東普悠瑪 鐵人三項	LAVA TRI 鐵人三 項賽大鵬灣站	Challenge Taiwan 國際鐵人三項 競賽
TOP2	宜蘭梅花湖 全國鐵人三項 錦標賽	捷安特嘉年華－ 捷安特盃 鐵人兩項	Challenge Taiwan 國際鐵人三項	LAVA TRI 鐵人三項賽台東 活水湖站	IRONMAN 70.3 TAIWAN 台東
TOP3	台東 226/113KM 超級鐵人三項	IRONMAN 70.3－Taiwan 台 東站	IRONMAN 70.3 TAIWAN	Challenge Taiwan 國際鐵人三項	普悠瑪鐵人三項
TOP4	台東普悠瑪 鐵人三項	tst 台中市市長盃 鐵人三項錦標賽 暨全國鐵人三項 鐵人二項錦標賽	WEFIGHT 墾丁 國際鐵人三項賽	運動 i 台灣 台東之美 鐵人三項	tSt 新北微風 鐵人賽
TOP5	IRONMAN Taiwan 國際 鐵人三項賽	LAVA TRI 鐵人三項賽 台南馬沙溝站	宜蘭梅花湖 鐵人三項	宜蘭梅花湖 全國鐵人三項 錦標賽	宜蘭梅花湖 全國鐵人三項 錦標賽
TOP6	秀姑巒溪國際 泛舟鐵人三項	tSt 鐵人三項暨 鐵人兩項錦標賽 新北站	運動 i 台灣 台東之美 鐵人三項國際賽	tSt 鐵人三項暨 鐵人兩項賽 新北微風站	GO EVOLUTION 台灣騎跑兩鐵進 化系列賽頭城站
TOP7	Challenge Taiwan 國際鐵人三項 競賽	日月潭全國鐵人 三項錦標賽	台東超級 鐵人三項	洄瀾國際 鐵人三項精英賽	台灣大腳丫鐵人 兩項錦標賽
TOP8	tSt 台灣鐵人三項 暨鐵人二項錦標 賽－嘉義站	LAVA 鐵人賽 苗栗通霄站	宜蘭梅花湖 鐵人三項	tSt 鐵人三項賽 嘉義布袋站	LAVA TRI 鐵人賽 大鵬灣站

（續表）

年份 排行	2016	2017	2018	2019	2020
TOP9	2016 LAVA 鐵人賽台南馬沙溝站	梅花湖全國鐵人三項錦標賽	GARMIN LAVA 公益超級盃國際超級鐵人三項賽屏東墾丁站	秀姑巒溪國際泛舟鐵人三項競賽	花蓮亞洲盃鐵人賽暨 118 公里鋼鐵人挑戰賽
TOP10	J Chip 盃新北市鐵人三項暨鐵人二項錦標賽	台東超級鐵人三項	Challenge Family Asia Pacific The Championship 113KM/ 接力	台東普悠瑪 226/113/51.5 KM/ 小鐵人	WEFIGHT 墾丁國際鐵人三項賽

資料來源：運動筆記及筆者整理

▎三項運動所需裝備與成本

　　總體而言，耐力型賽事人口以跑步為大宗，依序為自行車、鐵人三項、長泳，主因是運動初期及持續投入的實質成本。從下表來看鐵人三項的投入成本，如果認真採購可是個大錢坑！不過因為難度高、帥氣度夠，近年也成為許多社會菁英競相投入的運動。

　　初投入鐵人運動但不想花大錢的朋友，建議透過下表「選配」來節省花費。選配中有許多牽涉運動安全（如三鐵錶）及有效提升運動防護及效能（如功率計），建議針對自己未來裝備升級的可能性做規劃，例如功率計中最受消費者青睞的 GARMIN Rally RS200 踏板式功率計、ROTOR 2INpower Road DM 雙邊功率曲柄，產品設計於裝載部位有本質上的差異。用同樣概念面對下表各項選配，只要以符合安全為前提，相信大家能找到適合自己、高 CP 值的裝備。

　　此外，價差最大的自行車可採取租用、或以台幣一萬元內車款作為初期參賽的裝備。如果不確定往後是否持續投入，自行車建議買三萬元以下；若想一次購足則可參考二十萬元以上車款，避免過程中持續更換相關零組件，反而花更多錢。

運動類型	游泳			單車		
花費（NTD）	580 - 3,000			1 萬 - 40 萬		
參考資訊	項目	參考金額	常見品牌	項目	參考金額	常見品牌
基本配備	泳鏡	200 - 1,200	Above	單車	8,000 - 40 萬	ARGON18
	泳帽	80 - 250	ZOOT	安全帽	300 - 1 萬	SH+
	泳衣	300 - 1,000	ZOOT	卡鞋	5,000 - 1 萬	SUPLEST
				襪子	80 - 500	INJINJI
				水壺	80 - 200	Controltech
				手套	500 - 1,000	PI
				自行車服	500 - 1 萬	CCN
				太陽眼鏡	1,000 - 5,000	ZIV
選配	防寒衣	2,500 - 6,000	ZOOT	補胎液	350	EZFix
	魚雷浮標	1,000 - 3,000	Restube	袖套	100 - 500	ZOOT
	大毛巾	80 - 300	IRONMAN	打氣桶	500 - 3,000	LEZYNE
	防霧劑	100 - 200	Above	功率計	2 萬 - 5 萬	ROTOR
				挖胎棒	80 - 200	GIANT

運動類型	跑步			鐵人三項		
花費（NTD）	580 - 2 萬			1 萬 - 60 萬		
參考資訊	項目	參考金額	常見品牌	項目	參考金額	常見品牌
基本配備	跑鞋	1,000 - 5,000	MERRELL			
	襪子	80 - 500	INJINJI			
	跑褲	100 - 2,000	ZOOT			
	跑衣	80 - 2,000	ZOOT			
選配	中空帽	200 - 500	CHALLENGE	三鐵車	8,000 - 40 萬	ARGON18
	腰包	500 - 2,000	Compressport	運動飲料	28	倍勁
	號碼帶	100 - 300	XTERRA	小腿套	1,280 - 1,580	LP SUPPORT
				三鐵錶	1 萬 - 3 萬	GARMIN
				鹽礦物錠	220	醫護鐵人
				能量核糖	600	醫護鐵人
				BCAA 果膠	75	諾壯
				三鐵服	2,000 - 8,000	CCN
				拖鞋	300 - 3,000	SPENCO
				痠痛噴劑	180	撒隆巴斯
				肌力貼	250 - 500	PowerMax

圖片來源：All SPORTS

TING

披上鐵人魂

改變我生命的一場比賽

就算過終點會死掉，那就死掉吧！

台灣自行車登山王挑戰

范永奕
史上最強素人

01

Profile

現職
國民小學教師

經歷
FSA 自行車功率訓練講師
先鋒自行車踩踏監控系統講師
2014 香港旅遊展─台灣自行車節代言人

人生初鐵
1999 年統一盃國際鐵人三項賽 金門

主要比賽經歷
2010 - 2011 瑪吉斯太魯閣盃國際登山賽 二連霸
2013 蒙古登山車挑戰賽
2015 泰國友誼盃自行車環賽 GC 總排第四名、登山王
2015 台灣自行車俱樂部聯賽 年度登山王
2016 自行車聽障環台賽 聽人組 GC 總排第四名
2017 Challenge Taiwan 國際鐵人三項競賽 226 超鐵組第一名
2020 Formosa Xtreme Triathlon 第三名
2012 - 2020 台灣自行車登山王挑戰 分列第一名、第二名、第三名、第四名、敢鬥賞

　　2010-2020 這十一年間，尤其 2010-2017，我的生活幾乎圍繞著台灣自行車登山王挑戰。從 2010 年拿下冠軍後，我的生命開始有了不同的面貌。每一年，無論參賽成績好壞，每一段賽道都有一段特別的故事發生，因而這條道路對我來說顯得獨一無二。

▍世界最艱難也最美的自行車賽路線—台灣 KOM

　　台灣自行車登山王挑戰（Taiwan KOM Challenge）每年十月中下旬舉辦，比賽路線全程 105 公里，從接近海拔 0 公尺的花蓮七星潭海邊，一路騎到海拔 3275 公尺的合歡山武嶺。

　　賽事自 2012 年開始連續舉辦至今，但其實可以追溯至 2010 年，比賽的前身是瑪吉斯太魯閣盃國際登山賽。2010 年時，由日本的賽事舉辦協會跟台灣的自行車騎士協會合辦，瑪吉斯輪胎冠名。賽道由花蓮新城海邊出發，終點在武嶺，這一年確立了海拔 0-3275 公尺的賽事特點。

　　2010 至 2011 這兩年，參賽的外籍選手以日本職業選手為主，包括新城幸也（一級車隊職業選手，完成三大賽）、福島晉一、福島康司等知名的職業及奧運選手；2011 年開始有歐美選手參賽，如曾經拿過環台賽冠軍的美國選手麥克卡特。2012 年由騎士協會單獨舉辦，在交通部觀光局資源挹注下，第一屆台灣自行車登山王挑戰誕生，同樣是東進武嶺，但起點從花蓮縣秀林國中改成七星潭，里程數從 90 公里加長為 105 公里，難度更高，參與的國際選手人數與水準也都大幅提升。

　　賽道風景壯觀秀麗，集海洋遼闊、峽谷險峻、高山雄偉之美景，登頂後彷彿立於世界之巔的感受，宛如一條單車人的朝聖之路。法國最大自行車雜誌 Le Cycle 將此賽事列為世界 10 條最艱難和最美的 50 條自行車賽路線之一。此賽事 2015 年冠軍 Damien Frederic Monir 在受訪時說道：「這是場令人驚豔的挑戰，很高興能夠身在其中並拿下第一。這樣的比賽，我建議每個車手此生都應該來嘗試一次。」

▍一場比了 11 年的比賽

2010 年初，我無意間在騎士協會的網頁的看到了一個小方塊，預告瑪吉斯太魯閣盃國際登山賽的日期及路線。我興奮地對著朋友說：「我要參加這個比賽！」儘管換來的是一桶冷水，但是我並不以為意，開始訓練準備。

從日本名將手中拿下人生第一個桂冠

比賽當天清晨，開賽之前我在廁所旁遇見新城幸也，許多人紛紛找他合影，可是當他站在我面前時，我卻不為所動，車隊隊長問我：「你要不要也跟他拍一張？」我毫無遲疑毅然搖頭：「現在找他拍照我就輸了，比賽後再說吧！」

開賽後，我覺得集團的速度並沒有很快，但是大家都跟著日本選手的速度，於是我早早在燕子口前就突圍。接著，在天祥過後不久追到了比我更早突圍的另一位台灣職業選手。我們兩人一路合作，跟集團時間差越拉越開，行至碧綠神木已經領先第二集團約十五分鐘。大禹嶺過後，第一個陡坡爬完，我開始單獨領先。由於是第一次騎這段路，每一個陡坡都讓我覺得不可思議，懷疑自己能不能騎完，更在心裡三字經連發。

記得當時一位裁判騎機車載著一個攝影記者，在落鷹山莊附近陡坡轉彎，因為空氣稀薄，引擎燃油效率變差，加上坡度太陡，幾乎完全無法前進。裁判用台語對記者喊道：「你下車啦！騎不動了…」記者迅速跳下車，用半跑半走的方式，過了急陡的髮夾彎再跳上車。之後每遇一個陡坡就重複跳上跳下，一路跟著我，在噴射引擎不普及的年代，真是難為他了。

我呢？也好不到哪去。體能與精神都瀕臨極限，但我深深知道這是自己騎車、比賽以來最接近冠軍的一刻。由於那年自己的生活狀態與情緒，都正值一個大轉折，所以對自己喊話：「就算過終點會死掉，那就死吧！要把握這個機會，之前的猶豫讓自己錯過太多了。」

終於，在全盤崩潰之前，我通過設於武嶺的終點，拿下生命中第一個正式盃賽的自行車冠軍，而且是國際賽，這對我是極大的鼓舞，但賽後隨之而來的並不是肯定。多數台灣選手認為我因為提早攻擊突圍，大家不認識我讓我走、運氣好等之類的緣故。賽後當天的頒獎典禮，我跟新城合影了，在頒獎台上，新城代表日本主辦方致贈一個外型類似桂冠的獎杯給我。

騎得像一個冠軍的樣子

2011 年瑪吉斯太魯閣盃國際登山賽前一天，我以衛冕冠軍的身份出席記者會，回答記者問題時說：「很榮幸能坐在這裡，因為在我身旁兩側的選手，都是我開始騎車至今在雜誌上才能看到的選手，而我今天卻在此與他們一同出席記者會，這是當初我完全沒能想到的。謝謝大會舉辦這樣一個比賽，才讓我能有這樣的機會。」語畢，轉頭正巧與大會裁判長狄教練四目相對，他握緊拳頭對我示意並輕聲說道：「氣魄…」其實聽不太清楚他說什麼，但也不知道哪來的勇氣，讓我轉頭向麥克風接著說：「為了表示對這幾位選手最大的敬意，我會全力以赴，把冠軍留在台灣。」語畢全場鼓譟，翻譯將這一段話翻譯為日文後，日本選手發出了一陣驚呼。

隔天清晨，比賽在狂風驟雨中開始。比賽中段有一位突圍的選手，將時間越拉越開，但大家認識我了！強敵環伺下，我遭到圍攻伺候，實在難有機會，於是越騎心裡越慌，越是不踏實。直到心裡釐清了此行的目的：「我是來衛冕的，不是拿第二名的」再這樣猶豫下去，最好就是第二名，於是告訴自己：「范永奕！你要騎得像一個冠軍的樣子。」

沒有遲疑就是專注，我不顧一切地領著集團前進，保持著節奏，行經碧綠神木，身後已經剩下三位日籍的職業選手。金馬隧道下坡後，察覺已與他們拉開了 47 秒，前面那麼長的爬坡都無法甩開，短短三公里多的下坡，可以有將近一分鐘的差距，實在令我驚訝！過去我的下坡一直不好，反倒是經驗中的日本職業選手下坡都很快，於是我開始發狂似的奮力踩踏，企圖將差距再繼續擴大。於此同時，竟也追上了原來領先的選手。

進大禹嶺前我就開始單獨領先，一路騎向終點，以 4 小時 04 分 44 秒衛冕成功。在終點，我對媒體說：「這次我沒有靠運氣，第二次再拿冠軍不是運氣，沒有人讓我走，我告訴自己要騎得像一個冠軍的樣子！」隔日，消息與照片躍上各大媒體的體育版，將我冠上「史上最強素人車手」封號。透過報導，范永奕這個名字成為台灣自由車界大家都認識的「范老師」。

此後連續多年，我在西進武嶺與台灣其他自行車爬坡賽，都交出突出的成績表現，並且拿下多次冠軍。除「范老師」之外，也開始有車友稱呼我「登山王（KOM）」。

沒關係，明年再來！

2012 年，在交通部觀光局挹注經費下由騎士協會承辦，賽事名稱改為「台灣自行車登山王挑戰（以下簡稱 KOM）」，比賽名稱不同了，參賽選手水準也提升不少，來了多位歐洲的職業選手。對我而言，這一年就是尋求三連霸，賽前媒體問：「范老師，這次有多位知名環法選手參加，你覺得如何？有把握嗎？」我答：「這樣很好，因為這個比賽，我有機會跟環法選手同場競技。至於哪一位選手要來？有多強？都是我無法控制的。我該做的還是專注在訓練上，在有限的時間內盡量做足準備。」

這年在訓練上更嫻熟，對體能狀況的掌握度越來越高。逐漸來到了運動生命的「生涯年」，各項數據也一一創下新高。始料未及的，比賽中段原本身處六人領先集團，我卻因為機械故障，提前退出集團，等到大會中立維修車過來，排除故障後再次上路，已經耽誤了二十幾分鐘。沒料到才上路不久竟然又發生爆胎，最終以 3 小時 58 分 53 秒抵達終點，排名十八。

在終點看見媽媽與妹妹時，我大感意外，這是她們第一次到終點觀賽。媽媽第一句話不問成績或發生什麼事，只說：「范永奕，剛剛聽到你機械故障，我好擔心。」我一聽，抱著母親，眼淚就掉下來了。「人生就是這樣，沒關係，明年再來！」

生涯年，高低衝撞的身體狀態

2013 年，現在回顧當年數據，那年正式進入生涯年，所有的訓練數據都達到巔峰，賽前更是橫掃國內各大登山賽冠軍。除此之外，該年更完成了高難度的蒙古登山自行車挑戰。

3 小時 39 分 43 秒，總排名十三，在國內車手排名第二，這是該年 KOM 的成績，沒有達到自己的目標－躋身總排名前六。衝過終點時很多車友等著我，打氣的聲音此起彼落，甚至為我製作了加油看板。在賽後採訪時我難掩遺憾，淡淡地說：「該做的都做到了！」心裏暗自期許自己接下來要更努力。

2014 年，在工作、生活、騎車什麼都想做到最好的情況下，年初便不斷比賽，學校工作再加上四處推廣騎車訓練（期間更受邀前往香港擔任台灣自行車觀光大使）。到 8 月西進武嶺之後，身體抗議了，狀態開始起起伏伏，進入一個不斷高低起伏的衝撞期，常常感覺自己像被塞子堵住了。

9 月阿里山賽失利後，開始聽到「范老師老了」之類的話語。於是，我停下所有活動，讓自己好好休息，再重新訓練。直到 10 月中接近 KOM 比賽日，才感覺到塞子不見了，回到接近前一年的狀態。這年，家人與車友的支持讓我度過低潮，甚至有車友告訴我，因為看到我的努力，所以不想放棄，讓他能面對化療，更有勇氣對抗癌症。這些鼓勵的話語，反過來也成為鞭策自己繼續的動力。

天氣最惡劣的 2014 年 KOM，在不到攝氏 5 度低溫和大雨中進行。我在 3 小時 46 分 34 秒完成比賽，總排名第七。

摔出最佳運動精神獎

2015 年七月過後，我安排兩次高地移訓，讓體能再度達到 2013 年的狀態，但體重降了 4 公斤，整體而言狀態優於 2013 年。在下半年開始的比賽，不是冠軍就是第二。

8 月的武嶺盃，我與台灣唯一的一級職業選手馮俊凱鏖戰至最後一刻，以 20 秒左右之差拿下第二，而我們兩人都破了台灣地理中心碑至武嶺這段路的最快紀錄。未料 KOM 賽前，老天爺又給我一道難題：在高雄全運會嚴重摔車。車子撞毀，安全帽摔破，右半邊身體大片擦傷，肋骨、顴骨腫了一塊。摔車當下第一個念頭是「KOM 完蛋了！」然後就失去意識，醒來時救護人員已經在身旁。

摔車當下真的很絕望，心中吶喊「為什麼會是我？怎麼會挑在這時候？」在急診室清醒情緒平復後，我請朋友幫忙買咖啡和麵包，開始吃了起來，然後若無其事地說：「我明天就要去練車！」當場所有人苦笑，面面相覷。後來提到這件事，每個人都表示，他們聽到我這麼說時都一陣 OS：「開玩笑嗎？你可是肋骨裂傷加上腦震盪呀！」

對我來說，KOM 已不只是一場比賽，努力這麼久了，只要自己還騎得動，就要騎上去，為今年的努力畫上一個句號，就算排一百名又何妨！比賽當天，吞了醫師開的止痛藥上陣，以 3 小時 43 分 09 秒完賽，排名國內第四，另外獲頒「最佳運動精神獎」。

放棄是比堅持還困難的一件事

2016 年 KOM 賽從七星潭出發後，我的車在接近比賽放行點的大魯閣大橋上（過橋左彎正式放行）發生爆胎，隊友 Peter 停下來，緊急將自己的輪子換給我。佼哥犧牲自己的體力，領著我追趕已經遠去的集團，苦追 30 分鐘，耗費大量體力後，終於回到主集團。背負著隊友的信任與託付，一路保持在領先集團至大禹嶺過後才被甩開，以 3 小時 37 分 35 秒奪下國內第一，總排名十四。在終點受訪時說出我的心聲：「我沒有放棄。」

2017 年是我的人生大年，年屆 39 歲，與相戀多年的女友結婚。運動賽場上，完成了人生第一場 226 超級鐵人三項賽 Challenge Taiwan，時間 9 小時 46 分，非職業組第二，國內總排名第一。年底的 KOM 獲得國內第二，成績為 3 小時 41 分。

邁入不惑的 2018 年，我遭遇了運動生涯中最困難的關卡，在 3 月 IRONMAN 70.3 TAIWAN 的單車項目剩下約 10 公里時，被失控越過中線的車手逆向撞擊。「左肩鎖骨遠端肩關節粉碎性骨折、左胸 3-6 肋骨骨折、左掌第五指掌骨骨折、第四指粉碎開放性骨折、左大腿肌肉部分斷裂、左小腿脛骨 15 公分撕裂傷、左腳掌拇趾骨裂還有血胸。」以上是醫生檢查後在急診室對我老婆說的話。當時的我才意識到，或許再也無法騎車運動了。

因為這一摔，我總共接受了八次手術，經歷為期兩年的治療與復健。受傷之後，很多原本輕而易舉的事突然變得很難，杯子拿不穩、無法自己穿衣服、一直摔破東西…。但是我知道，生命不能因此停下來，現在的情況更要積極面對。

事故住院治療兩週後，出院的第二天我就嘗試著踩飛輪車。第四天費盡一番力氣，將單車架上訓練台，又是氣喘吁吁地踩了起來，我知道自己四十歲了，沒有時間再浪費了！一直以為來得及第九度參加 KOM，甚至報了名，但身體狀況實在不允許，而且這個意外，讓自己更深刻體認對家人的責任，所以決定放棄出賽。對我而言，放棄是比堅持還困難的一件事。

范老師回來了！

2019 年復出參賽，趁還剩一次手術前的空擋，我回到 KOM 賽道上，感到熟悉卻陌生的氛圍。行至天祥過後我抓住時機攻擊，自主集團突圍而出，追上前方的選手，與另一位外籍選手合作甩開其他人，接著又剩下我一人，一路保持領先，直到騎至碧綠神木才被集團追回。

過程中曾經一度有那麼一絲盼望，努力地要重現 2010 首冠的過程，但無奈於體能未達狀態，心有餘卻力猶未逮，抵達終點時，幾乎每個人都為我歡呼。記者們丟下前幾名選手的訪問朝我圍了過來：「將近兩年了，在別人眼裡或許很快，但對我跟家人而言，好久！我回來了，謝謝大家的鼓勵，謝謝家人的陪伴。」

賽後，許多人說「范老師回來了」，並對我突圍領先這麼長一段距離感到不可思議，還有車友說當天一直盯著網路直播，非常希望我能再次拿下冠軍，真心感謝他們的支持。

2019 年 12 月最後一次手術後，醫生對我說：「醫療的部分已經完成，接下來，看你自己的復健努力了。」一年九個月，歷經八次手術，醫療告了一個段落，加上生活上的忙碌，體能終於垮了，訓練數據開始呈現大幅衰退。

滿二十年戰役　考驗之後還是考驗

騎車滿二十年、第十年的 KOM，隨之而來的會是什麼？答案揭曉：「考驗」。是的，還是考驗。前一天看氣象預報，對比賽日的天氣狀況已經可以預想，但其實我不太擔心，因為我真的不怕冷。寒冷雨水、惡劣氣候，騎車不就是這樣？

2020 年 KOM 比賽當天，再現 2014 年的惡劣氣候。比賽放行後，行至天祥附近，有兩位選手突圍，我見機會不錯就馬上追了出去，企圖跟上前面兩人。當快追上前面的選手之際，後方主集團追了上來，我無法跟上，也調整不出節奏，掉出第一集團，接著第二集團、第三…。雖然很努力地要追上，但總覺得有力量出不來，心裡明白今天一點機會都沒有了，儘管失望但還是得努力完成。隨著越上山雨越大、氣溫越低，只能盡力維持著節奏。

來到了大禹嶺，察覺前輪似乎有軟掉的樣子。到合歡山管理站前的陡坡，前輪發出了嘶嘶嘶的噴氣聲，我看到了一道明顯的氣體與雨水混合而成的白霧由前輪噴出，隨著輪胎的轉動畫出一道很美、很絕望的白色霧狀弧線，不到一分鐘，前輪的氣已經完全漏光。我完全沒有猶豫地繼續騎向前，拖著沒氣的胎皮，慢慢往上爬，因為我知道很多人在山上等著我。

接近武嶺終點，路邊逐漸聚集人群並不斷地喊：「范老師，加油！」因為氣溫低，雙手已凍僵、陡坡路滑，加上前輪沒氣，所以，當下只能低

著頭專注地維持姿勢保持平衡，無暇注意是誰在幫我加油，更不敢招手致意。突然間，一個熟悉的聲音在耳邊傳來，我轉頭一瞥，是謝大哥！他一邊跑得氣喘呼呼，邊跟我加油打氣。頓時覺得好感動，我能在單車上有今天的成就，他是重要推手之一。

通過終點，大會已經在頒發總排名的獎項。我的妹妹與志偉仍然在終點等著我，這麼冷的天氣辛苦他們了，而妹妹見我的第一句話：「你怎麼看起來氣色那麼好，別人進終點都面目猙獰，你不冷嗎？」我答：「今天後段爆胎所以騎不快，也不累。我覺得還好，是比平常冷一點…」2020 的台灣 KOM 在考驗中結束。

這一年雖然在 KOM 失利，但一個月後，台灣史上最難的運動賽事「FXT 極限鐵人三項」，由秀姑巒溪出海口橫跨海岸山脈兩次，並一路到合歡山主峰。我回到了熟悉賽道，或騎、或跑，並在熱愛且擅長的自行車項目追至領先位置。最終，以第三名完賽。

2010 至 2020 年台灣 KOM 總結：先讓數字說話！ 2012 年台灣登山王挑戰，34 歲，3 小時 58 分 53 秒完賽。2016 年台灣登山王挑戰，38 歲，3 小時 37 分 35 秒，成績進步了 21 分鐘。2018 年，39 歲，成績 3 小時 41 分。至始至終，我堅持與追求的都不是名次，是每一次自己的巔峰表現。

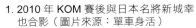

1. 2010 年 KOM 賽後與日本名將新城幸也合影（圖片來源：單車身活）
2. 2011 年衝過終點蟬聯冠軍（圖片來源：單車身活）
3. 2012 KOM 中因機械故障爆胎兩次，最終僅排名十八（圖片來源：林建宏）
4. 2012 年媽媽和妹妹第一次到終點觀賽，范老師抱著母親掉下眼淚

5. 2014 年 KOM 在攝氏不到五度的低溫大雨下通過終點，今年力抗身體狀態起伏，最終獲得總排名第七

6. 2012 年范老師與環法選手同台較勁（圖片來源：自行車騎士協會）

7. 天氣最惡劣的 2014 年 KOM（圖片來源：自行車騎士協會）

8. 2015 年全運會摔車後仍堅持參加 KOM，賽後與老婆合影

9. 2016 年 KOM 在爆胎後力挽狂瀾，獲得國內第一名

10. 2018 年撞車骨折後歷經八次手術，圖為第五次手術

11. 2019 年傷後復出 KOM，並在中段突圍領先很長一段距離（圖片來源：林建宏）

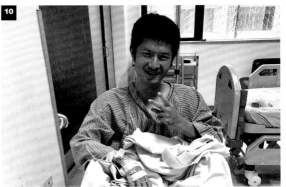

▌十年有成的「職業自行車選手」

　　運動什麼時候開始進入我的生命？其實很難回答出確切的時間。約從小學一年級，父親開始帶著我晨泳，我也跟著父親跑操場、爬山。記憶較深刻的是剛升小二那年，父親帶著我參加橫渡日月潭的活動，他用一條繩子，一端綁著充氣的泳圈，一端繫在我的腰上，並全程游在我身邊，陪我完成了橫渡壯舉。游完後，我成為當年年紀最小的完成者，還與赫赫有名的長泳健將王翰合影。現在回想起年幼時期，運動與挑戰的種子已經深埋在身體裡，慢慢地發芽、茁壯。

　　我初次接觸單車是為了要參加鐵人三項。1999 年，大學同學約我參加當年的統一盃國際鐵人三項賽，地點在金門。然而，當年賽程因為颱風，大會取消自行車項目改成游跑鐵人兩項，後來卻因太湖湖面波滔洶湧，許多參賽者折返棄賽，甚至被救生人員或其他選手救起。因此，大會直接勸退第二梯次下水的選手不要游泳，直接路跑。我是第一梯次先下水的選手，完成第一圈之後猶豫了幾分鐘，硬著頭皮再下水完成第二圈，才接著路跑，就這樣，我完成了人生的初鐵。按當時的天候與環境狀況，雖然只有兩項，能完成也算得上是貨真價實的鐵人吧！

　　在那一年只有一或兩場鐵人三項比賽的年代，2000 年花蓮鯉魚潭統一盃是我第一場完整完賽的鐵人賽，也從這年開始積極參與鐵人賽與自行車賽，包括 2000 年自行車環台賽、第一屆環花東自行車賽。2003 年退伍後，我開始專注於自行車訓練與競賽，此後有十四年未再參與鐵人比賽，轉而做為一名真正的「職業自行車選手」（有職業的自行車選手）。

　　投入自行車競賽滿十個年頭，參加過大大小小的比賽之後，在 2010 終於迎來了第一個正式盃賽冠軍，而且是國際賽「MAXXIS 太魯閣國際登山賽」冠軍，隔年又成功衛冕，被媒體冠上「史上最強素人」封號。下一個十年開始在國內外各大比賽展露頭角，尤其爬坡的賽事都能名列前茅，期間連續參加 2012 年舉辦至今的「Taiwan KOM 台灣自行車登山王挑戰賽」，只有 2018 年賽前因發生嚴重意外未復原，而被迫放棄出賽當年的 KOM。

2016 年，在闊別十四年之後再度參加鐵人三項，就是想完成自己年輕時未能實現的事：成為一位真正的鐵人，完成 113 與 226 鐵人三項。於是，我分別於 2016、17 年各完成了一場 113 鐵人三項， 2017 年完成了自己生涯第一次的 226 鐵人賽，且出乎眾人意料地拿到了國內總一的成績。2018 年，我積極準備在鐵人三項競賽追求更高的表現，上天卻給了我最大的考驗，那一場三月舉辦的賽事，如前述，在我即將完成自行車項目之時，遭到一位因失控由對向賽道迎面而來的選手衝撞。接下來的兩年，我進出手術房八次，走過了漫長的復健，2020 年 11 月底終於再次回到鐵人三項賽場，完成了台灣有史以來最高難度的「FXT 台灣極限鐵人三項賽事」。

古人云「十年有成」。我在參與自行車運動第十年時拿到了第一個正式盃賽的冠軍，意外傷害卻讓我差點無法繼續運動生涯。當時我在想：「第二個十年，迎接我的會是什麼？」傷後兩年，第二十年到了，我從外科手術病房，走到合歡山主峰的終點，完成了高難度的極限鐵人競賽。

如此樂此不疲是愛上專注的過程，攻頂的喜悅是因為完成一件事的成就感，運動過程中進入一個單純流暢的狀態，深深令我著迷。偶爾會想：「如果將自行車從生命中拿掉，那麼，我會是什麼樣子？」但始終不會有答案，因為騎車運動、訓練對我而言是興趣、是修煉，更是生活的方式與生命的一部分。

▎訓練心法

享受運動最單純的樂趣，每天有計劃地做一點，一點點累積，持之以恆就會看到成果。作為上班族，因為時間的限制，所以每天一早起床先進行一次訓練，包括騎車、瑜珈、核心訓練或跑步；下班後晚餐前，再做一次自行車訓練。平日自行車大多在室內訓練台完成，週末則在戶外做較長時間的騎乘。

備賽攻略－台灣自行車登山王挑戰

過去我常利用假期在武嶺進行訓練，這段路無論是東進還是西進都不輕鬆，因此看過武嶺的各種面貌：陽光普照、狂風暴雨與低溫，各種天氣說變就變。很多朋友都聽我提過「騎 2000 公尺以上高山沒有輕鬆的」或「武嶺不管怎麼爬都很累」，這絕對不是一種恐嚇，而是我真心的感受與給大家的提醒。每每到此進行訓練或比賽，尤其是每年十月中下旬的 Taiwan KOM，我都是做足準備，以虔敬、謹慎的心態去面對。

◆ 備齊裝備：無論最後是否用上，有備無患

· 防風背心或風衣。

· 排汗內衣不只排汗，對體溫的保存也有一定的效果。

· 單車專用雨衣選擇合適的剪裁與防水透氣功能，較不影響下雨騎乘時的操控，而且不會外面濕（下雨）、裡面也濕（流汗）。

◆ 注意事項

· 出發前先查詢氣象預報，作為裝備整備的重要依據。

· 評估自身狀況，適可而止，必要時分段完成。

· 騎乘時注意天氣變化，遇到不好的天氣不要堅持騎上去。建議中午前下山，台灣高山中午過後通常會下雨或起霧、溫度驟降。

· 事先安排好下山方式，如汽車接駁。

◆ 體能準備

高山空氣稀薄，再加上陡峭的爬坡，體能付出是平地的數倍。體能上若沒有相當的準備，在體力透支情況下，除了身體容易出狀況，判斷力與注意力都會變差，導致發生意外的機率提高。訓練一定要包含 Zone 3-4 的長間歇，累計時間約 90-120 分鐘。另外就是穩定強度的踩踏練習，訓練並強化自己能輸出平穩，控制強度。以上若能在山路練習，效果會更好。

◆ 飲食與補給

常見迷思：

· 飲食補給很容易被忽略，常常會有忘記吃、吃不下的情況發生。

· 賽前吃了許多難以消化的食物。

· 賽前不敢吃、比賽中狂吃運動果膠，或是等到餓或渴了才補充已來不及。身體的能量補充需要靠正餐，運動果膠只是維持血糖濃度，讓身體的能量供應系統不至於中斷。

· 賽前和賽中才在嘗試平常沒有習慣的補給，只因車友或網路說該產品對比賽很有幫助。

通則：

· 賽前一日晚餐：吃飽，足夠的碳水化合物，如糙米。

· 賽前兩小時：吃飽，早餐 400-500 大卡，足量且容易消化的碳水化合物，脂肪、蛋白質少許。

· 賽中：每四十分鐘流質碳水化合物 120-150 大卡（果膠），每兩小時固體碳水化合物 200-250 大卡，時時補充水分。

· 以上為建議的原則，必須依據個人情況調整。因此，平常練習時就要嘗試並提前適應最適合自己的飲食補給方式。

◆ 路線分析與攻略

太魯閣 → 天祥

22 公里；平均坡度 1.8%，總爬升 382 公尺。峽谷河谷地形，雖然整體爬升不多，平均坡度很小，但是實際路線起伏大，藏有許多急陡坡與高難度的急彎，且部分路面經常是溼滑的。

騎乘重點：維持速度，小心下坡急彎。

天祥 → 新白楊

26.6 公里；平均坡度 3%，總爬升 1244 公尺。很重要的一段長緩坡，因距離長，坡度平均，沒有急陡的路段。通常比賽時集團會在這段路有

初步的篩選，大部分的選手會在此段路掉出集團。

騎乘重點：控制好節奏。

新白楊 → 碧綠

4.4 公里；平均坡度 6%，總爬升 887 公尺。坡度分佈平均，但坡度更陡。

騎乘重點：踩踏的節奏與輸出強度繼續保持穩定。

碧綠 → 大禹嶺

14.7 公里；平均坡度 2%，總爬升 358 公尺。海拔正式突破 2000 公尺，碧綠隧道前穩定的陡坡，金馬隧道後約 4 公里的下坡，下坡後到大禹嶺是 6 公里的爬坡。

騎乘重點：隧道需要燈具。下坡後接著的急上坡很難，下坡結束再上坡雙腳會突然僵硬，但還是要保持踩踏節奏，所以建議以較輕的齒比維持節奏，並讓雙腳恢復靈活。

大禹嶺 → 克難關（大風口）

10 公里；平均坡度 7%，總爬升 702 公尺。海拔突破 3000 公尺，許多 10% 以上的長爬坡是挑戰。合歡山管理站後路段平均坡度 8.4%，有 13% 的陡坡近 1 公里，落鷹山莊處髮夾彎是最陡的地方，坡度達 27%。

騎乘重點：善用你的飛輪，維持迴轉，提醒自己上身放鬆。

克難關（大風口）→ 武嶺

大風口前有急陡坡，接著是急下坡直達松雪樓，此時注意對向來車。松雪樓到武嶺的最後路段則是著名的陡坡「魔鬼坡」。

騎乘重點：精神與體能都已經達到極限，最後的爬坡一開始要刻意放慢節奏，竭盡所能地騎到終點。

◆ 重點整理

以下都必須在挑戰前透過適當的練習達成。

- 控制自己的踩踏節奏，切勿因為陡坡而用力過度。將強度保持在邊騎邊說話會有點困難的程度，覺得太累就再放慢速度，調整節奏。
- 應該維持的是運動強度，而非速度。
- 補給要及時，利用平緩路段調整體能及補給。
- 白楊過後坡度越來越陡，大禹嶺是極致。此時配速很重要，陡坡不能硬踩，讓飛輪發揮功能，維持好節奏。踩很重不代表厲害，可以騎上山頂才是強者。齒比飛輪準備大一點的，讓自己可以一直騎在適合自己的迴轉速，以保持踩踏節奏。
- 不要有留救命盤的錯誤概念！如果硬踩，累積的疲勞將讓自己在後段陡坡加上空氣稀薄，完全騎不動。

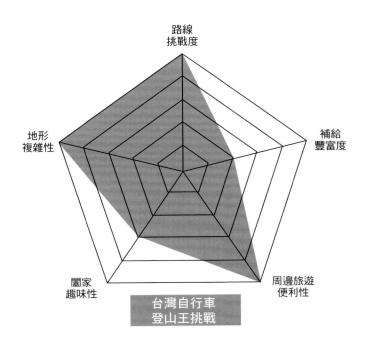

摔出鐵人魂
摔得美人歸

第二圈覺得見到了耶穌，第三圈聖母瑪利亞在呼喚，
原來那是深入內心的「鐵人魂」

2019 愛河國際鐵人三項競賽

林金財
台灣第一代鐵人

02

Profile

現職
遊艇配電盤、儀表盤製作

主要比賽經歷
1995 綠島全國鐵人三項 總冠軍
1997 統一盃鐵人國際邀請賽 總冠軍
1999 澎湖全國鐵人三項 總冠軍
2004 年 墾丁半程超鐵 113 總冠軍
（2004-2013 退出鐵人界，2014 年復出）
2016 Challenge Taiwan 總二
2016 澎湖 IRONMAN 取得 KONA 世錦賽資格

2017 夏威夷 KONA 世界錦標賽
2018 澎湖 IRONMAN 取得 KONA 世錦賽資格
2018 台東超級鐵人三項 226 總二
2019 夏威夷 KONA 世界錦標賽
2019 台東超級鐵人三項 226 總三
2020 亞洲極限鐵人賽 FXT 總六

人生初鐵
1992 統一盃國際鐵人三項邀請賽

一天，醫護鐵創辦人陳彥良先生問起：踏入鐵人界至今，有沒有令人印象深刻的賽事希望分享？我想每一場賽事，都是一部精彩故事，而且永遠說不完。望著我客廳收納櫃的上方，擺放著二十一年前的一座獎盃，或許也能跟醫護有所關聯，就讓我把時光倒流、再回到從前……

▌血染亞洲盃鐵人巡迴賽

2000 年台灣經濟奇蹟持續中，那年我代表國家參與多場國際比賽，有三次站上凸台的經驗，但唯獨亞洲盃鐵人巡迴賽，不但印象深刻更是不尋常！

夜上海驚魂

當年我和幾位選手、CTTA 協會副秘書長、隨行助理，一行不到十人組團參加「亞洲盃鐵人巡迴賽」，飛抵上海後，下塌一間小飯店，大家利用剩餘時間在週邊商圈觀光、自由活動，並相約一個時間在某定點集合，接著還得回飯店提行李趕搭夜車到徐州。

短暫的觀光行程結束前，巧遇當地的下班時間，四線道的寬敞大馬路上，車流量瞬間爆滿，然而兩輪單車卻比四輪汽車多好多，根本就是個單車世界。 大夥在約定的時間內現身於集合處，唯獨一人未見身影。副秘書長隱約看見遠處有人群聚，而且互相推擠拉扯著一個人…不對！此人正是我們的隨行助理，他遇上麻煩，被地頭蛇給盯上了。

團員們趕緊上前支援，將人拖回避免衝突，但地頭蛇群窮追不捨，不停地叫囂「是不是台胞！」「是不是台胞！」這讓我聯想到轟動兩岸一時的「千島湖事件」搶劫案。我們趕緊進入圖書館避難，這幫人則在外守株待兔，無法入內鬧事。

驚魂未定的隨行助理說出事故原由，只因為要兌換美金、人民幣，在陌生街頭詢問金融機構的方位，殊不知引來危機險些遭綁。此時，圖書館窗外一位公安人員巡邏經過，副秘書長趕緊聚集大家，一起往側門衝出跟

上公安的腳步，地頭蛇眾見狀火速尾隨，並保持一定距離緊盯著。公安人員發現了我們一行人，副秘書長眼看趕搭火車的時間在即，擔心誤了既定行程，於是跟公安說地方不熟觀光迷了路，需要地陪協助趕回飯店。公安知道我們來自台灣，豪氣爽朗地一條龍服務到底，完全不知道後方有一群對我們虎視眈眈的惡煞，至於那幫地頭蛇也只能眼睜睜看著我們離去。

當晚離開飯店後順利地搭上夜車，火車空間寬敞，每個人都訂了有上下舖的位置休息，心中盤算著此趟路途有多遙遠。載滿乘客的夜車非常地安靜，聽到少數用濃濃口音閒聊的內地人，這時車內播放著類似《綠島小夜曲》般的相思情，伴隨著火車行進中特有的節奏感和韻律奔馳著，讓人很快地進入夢鄉。

隨之而來車內的廣播聲，就像是台海心戰時期類似台灣「反攻大陸」、「三民主義統一中國」的口號不斷播放著，睜眼已是次日清晨。杵在大陸火車臥舖中，身為阿美戰士的我幻想自己是派來臥底的情治人員。

火車好不容易抵達徐州，一行人再乘搭小巴深入偏僻鄉鎮，終於到達選手們的競賽場地。大會指定一個下午時段開放外國選手熟悉比賽路線，講解賽事規則，此時各國選手牽著自行車前來場地會勘及檢錄，異樣的風景引起當地鄉民的一陣騷動。

由於彼此語言能溝通，四周忽然吸引了一群人的追隨，其它選手情形也一樣，心想「該不會又像在上海重演遇上搶匪的情節吧！」但此地人文風情完全不同，每個人充滿熱情、好奇又羨慕的眼光，原來是想索取簽名。

我們像國際巨星般受到禮遇，到處被包圍，有些人瞪大眼睛仔細打量車體構造，有些給你摸摸椅墊、抓抓手把，手指不時輕輕彈一彈車架發出的清脆聲。看得出來，在地民眾也明白比賽用自行車與他們的交通工具的差異，當地人操著口音發問：「這一台車兒需要多少錢兒？」所有人屏息注目似乎在等待公佈答案，我低調地把價位降到台灣學生車的價格，大家卻異口同聲：「高檔！」然後我繼續忙著給他們簽名。

穿著鮮血染紅的上衣跑步

亞洲盃鐵人巡迴賽開戰當天，比賽現場的震撼至今難忘，與昨日索取簽名的民眾相比實在是小巫見大巫！游泳賽段的湖面如同屏東大鵬灣一樣大，岸邊停駐兩艘大型遊艇般的渡輪，上頭已塞爆了圍觀的民眾，船身幾乎看不見其完整。環湖道路一圈 10 公里，繞騎四圈、路跑一圈，人行道兩旁也是萬頭鑽洞的人潮。據當天報導粗估，小小鄉鎮裡湧進十一萬人到現場觀看，這情景讓我以為置身在羅馬競技場，整個人都開始興奮了起來！

亞洲各國選手與內陸各地省縣級代表集結於湖岸邊，鳴槍後全體隨即躍入湖水。選手們水下開場均使出同一種招式，宛如泰國拳霸功夫在水中較勁，那是看不到瘀青的見面禮。湖色猶如日本傳統料理味增湯般混濁不清，滑動雙臂時不時還得抬頭定位鎖定方向推進，上岸的時候早已落後在第三、四集團。

單車是我最擅長的項目，出發後，道路兩旁爆滿的鄉民搶看未曾見過的國際鐵人賽場風景，菁英選手們呼嘯而過時，鄉民們都顯得相當興奮又熱情，地方腔調傳來「加油兒、加油兒」的疾呼聲此起彼落，路旁擠滿民眾站在沿途設置的護欄外，簡直媲美環法賽的觀眾，不斷振奮拍手！他們不僅節奏性震耳欲聾地吶喊，也把手伸進賽道內揮舞，我刻意站起來抽車，拼命快速推進的同時，也騎向護欄邊，貼近群眾與他們互動以表回饋之意。鄉民們的雙手幾乎可以碰觸到我，我獨推並且陶醉在這沸騰的大道上，每狂飆一圈就追上幾名前方落單的選手，不知不覺已趕上第三大集團，並在最後一圈成功趕上第二主集團。

雖然只剩 3 公里就完成單車項目，還是得繼續趁勝追擊，拉近領先集團的距離，於是我再度站起發力猛烈抽車，此時，左踏板硬生生脫落與曲柄分離，失去了平衡的我…重重地摔車了！賽後檢討是車子組裝時未正確鎖緊以致重心傾斜左側身軀，瞬間與地面高速摩擦滑行了三十多公尺遠，整個集團倉皇迴避以免受到波及，而自己身體的側半邊就像刨冰似地將大片真皮給掀開，堤岸邊人山人海的觀眾一陣錯愕，而一群熱心民眾衝下來跑進賽道連忙將我扶起，並遞送手帕、衛生紙擦拭止血，卻發現更多人關

照我的車況進行搶修，我被排除於現場如置身事外。

　　我擠身走進人群大喊：「讓我自己來！」身上的撕裂疼痛開始咬傷口，被現場觀眾包圍的我，使用微微顫抖的雙手，努力將滑牙的踏板鎖上未果，這時遠方傳來急促奔跑的聲音「工具來了、工具來了」，一人從人群夾縫中遞出了工具。「太好了！」我用扳手勉強鎖緊踏板。我的眼淚夾雜著汗水幾乎奪眶而出，不是心急成績嚴重落後，也不是傷口疼痛難忍，而是受到這群不具工作人員身分的鄉民，熱情與溫暖的幫助而深受感動。

　　他們助推讓我重新回到了賽道，現場又是一陣歡呼，但踏板因滑牙產生迴轉扭曲，深怕迴轉施力不慎造成脫落，只能小心翼翼緩緩前進直到進入轉換區。場內大半以上的選手已將車子停放好轉換跑步，這時跑進兩位救護員及工作人員，看我上衣褲子破了一大半鮮血滲出，示意要我停止比賽，到醫療站進行止血消毒包紮。當時覺得出國比賽代表國家是一種榮譽，全身上下充滿著使命感，我婉拒說：「我並不是來表演摔車給大家看的，只是皮肉傷而且還有路跑要完成，結束後會找救護人員報到，但得先讓我完賽。」工作人員看我意識清楚，於是簡單清創擦拭，我就從 T2 帶著半身刺痛，徐徐跑在環湖大道上。

　　鮮血染紅了白色上衣，黑色殘破短褲露出臀部，在大太陽下顯得格外鮮明，道路兩旁目睹的觀眾一片譁然！這裡的人們嗓門尤其大，交談聲能讓賽道上的選手聽得一清二楚。因為賽服上印有老東家福華大飯店「福華」兩大字，眾人紛紛說道：「哇！福華傷得不輕呀」、「這福華是打哪兒來的」、「福華是什麼東西呀」、「這肯定是福建來底呀」大家看我滿身是血還繼續撐著，於是眾人開始高喊：「福建加油、福建加油、福建加油」。瞬間，一路上竟被當成福建省代表隊了！此時媒體攝影師也沿路跟隨，我心想這畫面千萬不要在台灣出現。

　　斗大的汗水不斷滑經大面積撕裂的傷口，有如傷口上灑鹽，但在大家聲聲吶喊加油之下，我咬緊牙關穩定踏出每一步，直到進入終點拱門，身體才緩緩貼在拱門邊，刻意脫下血染的跑鞋作勢撥打電話，以跑鞋當作聽

筒大喊：「媽～我平安完賽回來了！」現場民眾熱烈掌聲，隨後我被救護人員帶往醫療站進行消毒包紮。

翌日，各國及省縣與會之選手舉行餐會及頒獎，我出乎意料被請上台受獎表揚，身上除了多處敷料，手臂還吊著三角巾，與另一位內陸的「獨臂鐵人」一起合影，充分展現「身殘心不殘、鋼鐵意志堅」的鐵人精神，在場全體與會人士給予我掌聲鼓勵，並各頒發人民幣一千元，故事還被報導刊載於報紙體育版。

這一摔讓我回國之後休息了好一段時間，自己開始學會放慢生活步調，才有機會認識當時在飯店櫃檯工作的女友，也就是現在的老婆。真是…摔出鐵人魂，也摔得美人歸呀！

暫停呼吸的 2 小時 22 分

時間回到 2019 年，當年握有夏威夷 KONA IRONMAN 鐵人三項世界錦標賽參賽資格，將在 10 月出國比賽，於是賽前半年先在國內挑選一場標鐵賽當做熱身，於是選了全台每年度的第一場鐵人賽，在港都高雄舉辦的「愛河國際鐵人三項競賽」。

愛河鐵為標準距離 51.5 公里，參賽選手的實力水平甚高，由日本國家級代表人物竹內鐵平所率領的日本隊已連續幾年都來台參賽，還有高雄市鐵人選拔賽的在地菁英，與外縣市的佼佼者同場競技，綜合了高難度和高強度，確實讓挑戰再升級。

一鳴槍就差點「永浴」愛河

3 月裡的南台灣清晨不帶一絲涼意，只有滿腔熱血的鐵人和活力，所有選手走向愛河河畔的出發點集合，準備「泳浴愛河」前，高雄國際愛河鐵都會先播放國歌，場面肅靜、莊嚴，現場所有人齊聲同唱，唱到最高點。

國歌唱完後隨即鳴槍出發，下水入口處不大，前方過於擁擠，於是選

擇側邊跳水方式前進。下水前，我沒有看清澈河水表面下橫躺著一條鐵管，便縱身一躍，左側肋骨應聲猛烈撞擊在鐵管上，我感覺到它（肋骨）出大事了！

比賽途中發生意外總難免，但在鳴槍一出發就受難，那真是苦不堪言。此時六百多位選手傾巢而下，游回頭上岸已不可能，心想肋骨應該只是挫傷，加上穿著防寒衣保護，只好硬撐下去，盡可能游向外圍，深怕其他鐵人一個蛙腿突襲，那我肯定變成鐵達尼號！

挫傷沒有想像中簡單，我變得不能正常呼吸，肋骨感受到壓迫而疼痛，自由式的每次轉體及手臂伸展也施展不開，感覺體內有東西在上演刺槍術，而且還無法抬頭定位，那樣只會更加撕裂疼痛。我只能用慢游來克服問題，途中卻撞上裁判的水中浮台，泳鏡進水相當狼狽。「該放棄了嗎？」但是當下我的腦袋可沒想到。

吸不到氧氣的煎熬

吃力又難受地游完上岸跑向 T1，跑步的震動讓肋骨痛到簡直升天，呼吸變得更急促，轉換區頓時好遙遠。心裡一直說服著「只是挫傷、只要騎上車就會舒服了！」但港都賽道得繞六圈，每圈轉角進行多次入彎、出彎後起身抽車再加速，身體的擺盪和急促的呼吸壓迫著肋骨，疼痛不斷發作，通過每一公里都是如此折磨與漫長。

想不到，最終我竟然把它騎完，又過了一關。順勢簡單的下車動作準備轉換跑，此時已變得好困難，這是我運動有史以來第一次感受吸不到氧氣的煎熬。「肋骨挫傷是如此磨難，倘若上帝出了一道重大難題必須完成它，在退無可退的情況下，要如何面對眼前的困難與處境？」這個念頭支持我繼續挑戰克服的動力！

步出轉換區跑步時的震動，感覺讓斷裂的骨頭一下分離、一下結合…不斷循環著，跑步全程繞行三圈都能感受呼吸時體內開開合合，回想起來真是難以形容的痛苦滋味。若要解決現在的難關，就不能用正常的節奏跑，

於是我開始調整呼吸量的大小，步伐幅度變小，強度降到最低點，一步一步努力完成它。

第一圈感覺看到了撒旦，放棄念頭變得垂手可得，跑向橋下的階梯時，還得慢慢扶著牆面移動，當做登山越野前進，減少身體震動的負擔。第二圈感覺見到了耶穌，如同背著十字架，全身異常沉重，直到套我圈的 KONA 好戰友王金晴，從背後大喊「KONA 鐵人財哥加油」，這份加持起了最大的鼓舞。 第三圈似乎感受到聖母瑪麗亞在召喚，痛苦似乎適應了也麻痺了，於是我將步幅略微加大，呼吸進氣量也開始增強，我感覺可以撐過難關！

全程克服一切難關進了終點，完成那「暫時停止呼吸的 2 小時 22 分」，我步出賽場，呼吸障礙更加明顯，在醫護站人員建議下，立即前往大醫院檢查。我與老婆小孩等候報告出爐後才知道事態嚴重，原來比賽一開始就撞斷了兩根肋骨！同一時間，接到隊友電話告知比賽得名，須到會場準備領獎，但當時心情盪到谷底，只能請人代領。

無論堅持或退場，請帶著鐵人魂出場！

為了半年後的 KONA 世界錦標賽做準備，我取消剩餘的國內賽事，積極療養身體並徹底休息。兩個月後在身體漸漸康復下，慢慢摸索可行的動作，也讓全身能夠適應傷口的疼痛，在合理的範圍利用剩餘的四個月時間進行訓練。積極練習後再度遠征夏威夷，卻意外大破自己第一次參加 KONA 的場地 PB。所謂「打斷手骨顛倒勇」，應該就是這個意思吧！

平時訓練或比賽當中意外發生，鐵人們常說「堅持到底永不放棄」，或是「暫時退場比賽都在」，我想只要帶著鐵人魂上場，無論是堅持還是選擇退場，自然會有最好的答案。只要能經常把握當下、享受現在的無限可能，你已樂在其中並留下美好回憶了。

我們追求的不單單只有成績，而是當初投入這項運動的本質，是成績、是榮譽，是深入你心的「鐵人魂」。每一場訓練或賽事都有一段故事，不

變的是，請都帶著「它」出場！

慶幸的是，現在台灣的比賽多半有醫護鐵人存在。醫護鐵人不僅是賽道上的行動白衣天使，更是參賽者之一，回想當年我在大陸比賽狀況，若有人看見選手比賽途中出現不適並立即主動協助，無疑是給選手更完善的比賽環境！

> 鐵人世界裡不只教我們如何比賽，
> 同時也把鐵人精神帶到任何領域…
> 職場中堅守崗位並認真負責，
> 家庭裡親密互動並共同創造，
> 賽場上無限可能並全力以赴。
>
> 在你創造屬於自己的鐵人價值時，
> 你的鐵人魂是否也隨時帶上身呢？

客廳收納櫃上方擺放著二十一年前「亞洲盃鐵人巡迴賽」獲得的鐵人精神獎

1. 於 2019 愛河鐵游泳上岸跑向轉換
   區，跑步的震動讓肋骨痛到簡直升天
   （圖片來源：尋寶網）
2. KONA 寶寶（林金財的女兒）人生第
   一場小小鐵人賽就在夏威夷 KONA
3. 2019 年 KONA 世錦賽前與 226 世界
   紀錄保持人 Tim Don（圖中）合照。
   他 2017 發生嚴重車禍頸椎斷裂，僅
   花一年治療就奇蹟重返鐵人最高殿堂
4. 賽前準備充足的一場 226，完賽也會
   是歡樂盡興的

▌台灣第一代鐵人追逐 KONA 夢

　　1991 年當兵時期，無意間從報紙體育版看到夏威夷 KONA 超級鐵人三項世界錦標賽的報導，當年的冠軍費時 8 小時 09 分，全馬跑出 2 小時40 分的超強實力，雖然國內還沒有相關運動，但對於鐵人賽產生美好的憧憬！隔年 1992 年，統一企業首次在台灣花蓮鯉魚潭舉辦了第一場鐵人三項，讓我有機會第一次接觸這類賽事，才體會到一場標鐵賽過程中是痛苦，完賽後是甘甜的好滋味，更何況是超級鐵人 226。從此，讓我對夏威夷 KONA 的嚮往漸漸發芽。

▌訓練心法

新手鐵人不要急著快快長大，先從標鐵進階成熟後，隨著經驗累積再往上體驗半超鐵 113。生活、時間、訓練安排得宜，有機會再挑戰 226 成功率會比較高。有些初鐵者羨慕旁人完成超鐵賽事，就直接盲目投入，危險性、受傷機率反而提高，即便成功完賽，人生第一場 226 有可能也是最後一場，失去了每個階段的鐵人樂趣。

另一方面，經驗豐富的 226 鐵人也需參加 113 或標鐵賽，讓肌肉隨時保持快節奏與強度，達到恢復與刺激（當然不是連日賽 226 ＋ 51.5）。無論是初鐵或老鐵，訓練最終還是回到基本動作訓練，如果動作不確實，耗時又費力，即便努力訓練和比賽只能事倍功半。打好動作基礎，讓自己省時省力避免受傷，鐵人生涯才能快樂延續。

備賽攻略－愛河國際鐵人三項

◆ 游泳賽段主辦單位於賽前一週開始，在愛河上游會做污水截流，不讓污濁水往下流，所以不會經過愛河排放。下游的海水因潮汐影響，使得海水潮流回升，與其說「游愛河」，更名「游海泳」也通。因為河海共融所以沒有浪，只有順逆游的差異，對於平常在泳池練習的選手們來說，游泳項目難度係數並不會太高。

◆ 自行車賽段是最沸騰、最具高度張力的追逐競技場，也是最有特色的港都城鐵人賽道。在市中心繞行六圈，一圈約 7 公里，每圈共有八個出入彎，幾處高難度的髮夾彎更讓賽道增添許多難度！這是台灣唯一可以高速跟車行駛（輪車）的賽事，因此控車技巧、過人膽識和緊湊的節奏都要拿捏好。

  愛河鐵備賽期，除了保持有氧訓練外，建議一週加入至少兩次的踩台間歇訓練。為了因應比賽入出彎後的抽車加速，以及整場不斷地追趕，使用公路車操控是很好的選擇，以應付極速和變化多端的彎角地形，三鐵車反倒沒機會讓你趴好趴滿。

◆ 跑步路線相當浪漫，沿著愛河河岸步道繞行三圈，整路都有熱情的民眾加油團打氣。不過，每圈經過四座橋面與橋下的道路，如此上上下下的地形，對騎完單車後的雙腿，無疑是一大壓力與負擔，而且不算長的 10 公里距離，不會讓你鬆懈減速完賽。賽前的練習除了平常在操場、河堤慢跑，每週可加入高雄柴山或其它山徑越野跑，訓練強化下盤的支撐與平衡，也同時兼顧有氧耐力的提升。

◆ 綜合以上訓練以及實力甚高的參賽者水平，加上這是唯一可以輪車的賽事，愛河鐵會是你設定目標大破標鐵 PB 的最佳戰場。

◆ 如果目標是鎖定其他超鐵賽事，至少賽前三個月，每個月去一次賽道測試、熟悉路況，順便與家人提早另類觀光旅遊，回去後也選擇類似的路線做練習。另一種方式是提前三至五天到達現場，模擬比賽的生活作息（幾點起床、上廁所、吃早餐、休息時間、開始活動、結束休息、吃晚餐、幾點就寢），直到賽前一天徹底放鬆，然後迎接明天全新的自己。

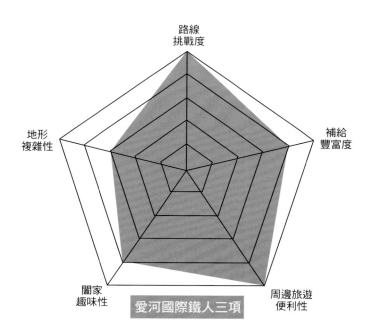

愛河國際鐵人三項

穿著卡鞋跑17公里上武嶺

卡鞋不只不適合跑步，連走路都困難，然而為了完賽的目標，
仍然一步一步奮力往終點邁進

2011 南投國際超級鐵人三項
系列賽

姚焱堯
運動筆記創辦人

03

Profile

現職
三趣科技創辦人 / 董事長
筆記網路創辦人 / 董事長
台師大樂活產業高階經理人 EMBA 產業大師

人生初鐵
2003 台東之美鐵人三項全國邀請賽 標鐵 3:08:40

主要比賽經歷
2010 玄奘之路戈壁挑戰賽 能量之星、團體第三名
2011 第一屆南投大三鐵（泳渡日月潭、單車登武嶺、
中潭公路馬拉松）
2014 橫越台灣超級馬拉松 246 公里組
2015 第一屆香港超級馬拉松賽 12 小時組
2018 泳渡澎湖灣 5 公里組
國外跑旅：東京馬、紐約馬、黃金海岸馬、神戶馬、
維也納馬、濟州島馬等十餘場馬拉松
鐵人、馬拉松、泳渡各種距離賽事總共超過百場
馬拉松最佳紀錄 3:24:36
鐵人三項 51.5 公里最佳紀錄 2:44:29

2011 年首次舉辦的「南投國際超級鐵人三項系列賽」，是第一屆結合南投縣境內的三場賽事：武嶺自行車挑戰賽、日月潭橫泳、中潭公路馬拉松，提供三鐵同好一次挑戰三場台灣經典賽事的機會，主辦單位南投縣政府更祭出冠軍一百萬台幣獎金，吸引各路英雄前來挑戰，而賽事的獨特性和挑戰度也讓當年剛從三鐵選手躋身全馬跑者的我十分嚮往。

一次挑戰三場台灣經典賽事

雖然泳渡日月潭、單車登武嶺已經是台灣最經典的泳渡及單車活動，是每位游泳及自行車愛好者必須朝聖的台灣賽事，但由於超級鐵人三項系列賽難度偏高，這一屆比賽最後只有三百位選手報名參加。

這場賽事的特色在於主辦單位南投縣政府為了帶動運動休閒觀光人潮，提升觀光產業、行銷南投之美，並提倡全民運動風氣，特地將三個不同單位承辦的縣內三場特色賽事，結合成為一場南投國際超級鐵人三項系列賽：（一）武嶺自行車挑戰賽－台灣自由車運動協會、（二）日月潭橫泳－埔里鎮四季早泳會、（三）中潭公路馬拉松－南投縣體育會田徑委員會，總合競賽里程達 100.195 公里。

其中 8 月 21 日登場的武嶺自行車挑戰賽和「NeverStop 永不放棄挑戰巔峰－武嶺」合併舉行，禮遇鐵人選手優先出發。9 月 3 日舉行的日月潭橫泳，由於原日月潭萬人泳渡參與人數過多，開放前一天舉行，只讓三百位選手下水競逐。12 月 31 日壓軸的中潭公路馬拉松，則是為了成就年度三項系列賽事而新增的一場馬拉松比賽。

穿著卡鞋跑向終點

超級鐵人 226 公里的賽程限時在十幾個小時內完成，難度之高並非一般人所能企及；為了準備賽事必需持之以恆投入大量練習時間，也是一道極高的門檻。南投超級鐵人三項賽事將各單項分開日期比賽的方式，提供了一種挑戰超級鐵人的另類選擇，我邀請了幾位台大 EMBA 前後期學長學

弟，也是共同挑戰過戈壁賽的隊友們一起揪團報名，同時也安排完善的住宿、包車接駁、餐飲補給等後勤支援，讓大家能無後顧之憂地完成挑戰，重溫戈壁賽時同甘共苦、相互扶持的情誼。感謝基國、世明、武吉、宜村、中平等隊友，在彼此互相扶持與勉勵下，順利完成了艱難的挑戰。

賽前幾個月，我在單車爬坡的訓練投入最多時間，主因 2010 年完成戈壁挑戰賽超級馬拉松之後，陸續參加了 2010 東之美半程超級鐵人賽、2011 宜蘭冬山河標鐵，也在 2010 年完成了白河馬拉松及台北馬拉松兩場全馬賽事， 正式躋升為全馬跑者之列，對於泳渡及全馬比賽已駕輕就熟，因此在「南投國際超級鐵人三項系列賽」三項 之中，只對一路爬升超過 3200 公尺且未曾挑戰過的武嶺登高賽最畏懼。

因為不熟悉，更需要加強訓練，備賽期間，除了賽前從清境到武嶺的模擬練習，也從台中騎上谷關，並在每個週末從中科到台中都會公園進行無數趟的短程陡上坡練習。

武嶺登山賽對於平常只騎平路為主的我是最艱難的挑戰。我的坐騎是標準齒比 53 x 39T 公路車，在平路騎乘算是輕快，應付一般的鐵人三項競賽或是長程公路賽，例如環花東 380 公里還游刃有餘，但在幾次練習爬較陡坡度的路線時，感受到必須重踩才能上坡前進，肌力的負擔極大，因此考慮更換較輕盈省力的 50 x 34T CT 盤來挑戰武嶺。然而，由於練習時的爬坡距離不夠長，用力拉車還是可以完成，也考慮未來仍以參加鐵人賽事為主，使用公路車的機會高，更換齒輪的念頭於是作罷。

賽事當天，按照預先擬定的計畫 （請見 P.72 表格 ），隨著海拔高度的攀升和坡度的增加，漸進式地放大飛輪，期望用較輕的踩踏力量和較高的轉速來爬坡。在經過 2 小時 30 分後抵達距離起點 39 公里處，也是全程最後的補給站翠峰休息區之前，一切都照著計畫完美執行。

然而，在踏出補給站之後，原先擔心的情況發生了！隨著坡度增加到 6%-8%，已經顯示疲態的雙腿開始踩不動踏板，也沒有更大的齒盤可以切

換，開始出現定杆的情況。此地離終點還剩 17 公里，還有 1500 公尺的高度要爬，為了完成比賽，當下決定推著公路車，穿著卡鞋跑向終點武嶺。

車友應當都清楚，卡鞋不只不適合跑步，連走路都困難，然而為了完賽的目標，仍然一步一步奮力往終點邁進，就這樣經過了兩個半小時，跑跑走走完成了最後的 17 公里爬坡，最終以 5 小時 07 分登上武嶺，比預定時間落後 47 分鐘。完賽成績雖然不如人意，在三百名選手中排名第一百六十五名，但穿著卡鞋勉強走了將近二十公里上坡路，最後能夠完賽已經非常難得。

系列比賽最後完賽的成績分別為：武嶺自行車 5:07:34、泳渡日月潭 1:06:12、中潭公路馬拉松 3:55:41，以總成績 10:09:27、總排第一百二十四名完成挑戰。在萬分感動下，領到一座獨一無二以山岳為造型的「南投國際超級鐵人三項系列賽」紀念獎座。

武嶺登山賽配速策略

公里數	0-16K	16-23K	23-30K	30-39K	39-45K	45-50K	50-56K
地標	人止關	霧社	清境	翠峰（P）	鳶峰（P）	近昆陽	武嶺
海拔高度	790M	1,170M	1,600M	2,330M	2,730M	3,100M	3,275m
平均坡度	2%	5%	5%-6%	6%	6%-8%	6%-8%	8%-10%
平均時速（KPH）	25	15	15	13	12	12	10
分段時間（含休息）	40:00	35:00	35:00	45:00	35:00	35:00	35:00
累計時間	40:00	1:15:00	1:50:00	2:35:00	3:10:00	3:45:00	4:20:00
備註				最後補給點			

1. 姚焱堯（右三）與隊友一起參加南投國際超級鐵人三項系列賽日月潭橫泳

2. 姚焱堯也是馬拉松跑者，在台灣米倉田中馬拉松中化身為配速員（圖片來源：運動筆記）

3. 騎經清境山區的 7-ELEVEN 門市，代表已超過海拔兩千公尺，到達武嶺挑戰的半程

▌跑出台灣耐力運動的蓬勃發展

· 2003-2011 平均每年參加兩場鐵人三項比賽
· 2010 完成玄奘之路戈壁挑戰賽 （四天 120 公里）
· 2010 完成第一場 42 公里全程馬拉松
· 2011 創立運動筆記，開始享受國內外跑步兼旅行的 Life Style

　　如同大多數人的理由一樣，為了健康而開始跑步、騎車。2000 年之前，從科技業主管走入創業的不同人生歷程，這時也是家中小孩開始就學成長的階段，事業和家庭的重擔，加上即將邁入四十不惑之年，壓力總是讓身體和精神狀態瀕臨欲振乏力的狀態。

　　身為企業人士，在選擇運動的項目時，考慮的不只是可以流流汗，讓心跳、呼吸加速的簡單活動，還多了一份企圖心，希望能有一個更具挑戰性的目標，努力完成挑戰來獲得成就感。

　　2000 年初，在當時的商業雜誌會看到一些知名的社會人士，如葉金川、孫大偉、馬英九、陳昇等人，正在從事鐵人三項運動的報導，也有企業在推廣這項當時算是少數人的運動（統一盃鐵人三項國際邀請賽），一股「有為者亦若是」的豪情壯志便油然而生。

　　在持續多年投入鐵人三項的訓練和比賽後，身體素質和精神毅力都感受到明顯地進步，不單是原先汲汲營營在工作上的生活型態改變，對事業經營也有更寬廣的視野和思考；同時，每年帶著家人四處征戰，也鼓勵太太和兒子一起參與，有了家人的支持陪伴，除了互動更加緊密，相信這些共同經歷與挑戰對青少年的成長也會有所助益。

　　2010 年，台大 EMBA 的一群校友首度參加戈壁挑戰賽，在當時國內幾乎沒有任何資訊的狀況下，擁有台大人不服輸精神、又一定要做到最好的一群夥伴，四處蒐集國外資料，努力完成四天 120 公里的馬拉松挑戰。因為這個過程，發現台灣並沒有專門的路跑網站，跑友缺少專業實用的資

訊來源，於是活動結束後就起心動念，和隊友張義結合兩人各自的技術與內容專長，成立運動筆記網站。

　　2011 年運動筆記網站成立時，台灣的跑步賽事一年大約有一百場，而現在已逐步成長到每年五、六百場。因為經濟能力與健康意識抬頭，加上運動筆記等媒體平台的推播助瀾，這幾年跑步、登山健行、鐵人三項已成為全民運動，也帶動了裝備、活動、訓練、旅遊等相關產品與服務的成長。運動除了是自己的興趣，也因為投入平台的建置與營運，共同見證運動在台灣社會的蓬勃發展。

姚焱堯享受在國內外跑步兼旅行的生活方式。圖為參與 2019 礁溪溫泉馬拉松

▎訓練心法

和許多鐵友不同，多數人先騎車或跑馬拉松，數年後才開始轉進鐵人三項運動。個人則從 2003 年起，持續七、八年每年平均參加兩場鐵人賽事，在 2010 年完成 120 公里戈壁挑戰賽之後，才開始挑戰人生的第一場全馬。

在練習鐵人三項的階段，主要參考 The Triathlete's Training Bible 一書作為訓練教科書，學習各單項的知識與技巧，同時自訂訓練課表。至於訓練的場域，為了方便練習，平日盡量利用公司或是住家附近的環境與設施，固定進行泳池游泳、室內飛輪和短距離跑步機或是路跑練習；周末則在台中市郊進行較長距離的單車騎乘與長跑。

在 2010 年開始挑戰馬拉松比賽之後，由於已經累積了多年的耐力訓練基礎，參考 The Advanced Marathoning 一書中的課表與訓練方法，直接挑戰 Sub 330 的優秀業餘跑者門檻。除了專業的訓練方法指導，能否循序漸進達成設定的目標，個人經驗認為關鍵要素在於紀律，而維持紀律的重點在於能否將運動融入生活。若能善用周遭的環境設施，合理安排課表，將訓練與比賽的時間安排融入工作與家庭的作息，才容易持之以恆。

以每年固定參賽的台北馬拉松為例，制定一個至少十二周的賽前訓練計畫，目標設定如下。

1. 每週訓練距離與目標時間：
   · 10-11 月以長程耐力訓練為主，速度練習為輔；12 月則以速度練習為主，耐力訓練為輔。
   · 一週四次跑步練習，訓練量約為比賽量的 1.5-2 倍（60-80 公里）。
   · 除了跑步訓練，另外搭配自行車、游泳為輔助練習。
   · 十二週內進行兩次 5000 公尺測試 — 第四週目標 22:00；第九週目標 20:20。
   · 第五週為休息週，徹底休息；賽前一週輕鬆練習，準備比賽。

2. 注意調整體能與生活作息，減少過度訓練導致的精神壓力並避免受傷。

3. 每週進行一兩次重量訓練，增強肌耐力，並且避免運動傷害。

另外，以目標完賽成績 3 小時 15 分，推算各訓練強度的參考配速，作為每次練習的強度依據：

訓練類型	距離	配速	10K	1K	400M	Remarks
長跑	26-35K		前半段 56:00	5:36	2:15	
			後半段 51:00	5:06	2:02	
馬拉松配速跑	42.195K	3:15:00	46:00	4:37	1:50	
乳酸閾值跑		1:33:30	44:00	4:20	1:45	等同 15-21K 比賽速度
恢復跑	8-10K		58:00	5:45	2:20	
提升最大攝氧量間歇跑	以此強度時間 <20:00	20:20 / 5K 配速		4:04	1:36	等同 5K 比賽速度

除了一個人的練習，若能有一群志同道合的親友、同事一起練習，更能因為彼此激勵而產生堅持下去的動力。同時，家人和好友經常揪團到國內外四處參加比賽，結合運動與休閒，除了身體的鍛鍊，更多了人際互動和情感交融，增添運動的樂趣與豐富性。這也是跑友間經常口耳相傳的跑步名言：「一個人跑得快、一群人跑得遠」便是這個道理。

備賽攻略－單車西進武嶺

◆ 武嶺賽路段從埔里到合歡山，是台灣熱門的觀光路線。主辦單位無法單獨為自行車賽進行交通管制，因此整個賽程中自行車和汽車爭道的情況不時發生。許多參賽選手在不耐雙向車流將道路堵得動彈不得的情況下，會冒險扛著單車翻過路邊柵欄，才能往前推進，這是舉辦該場地賽事的單位必須面對和解決的問題，以保護選手免於發生意外。

◆ 武嶺的氣溫比平地低了二十多度，選手於中午抵達時，山上可能颳著風甚至下著雨，許多選手沒有安排接駁車，只能原路折返，繼續騎著將近 60 公里的下坡路回到埔里，在又冷、又累、又餓的狀態下，非常容易發生意外，這也是每年這場賽事常常傳出嚴重憾事的原因。

以我當年參賽為例，為了提供六位隊友裝備運送與接駁，賽前特別預定一部八人座 IVECO 小巴，搭載每個人的單車。因為空間大，自行車可以免拆直接上巴士。在山下出發前把個人賽後所需裝備，如更換的衣服、鞋、隨身行李打包上車；抵達終點後，將人車接運下山。同時，車上準備好賽後補給食物、飲料，讓隊友們在奮戰了一整個上午之後，能充分休息與補給。

◆ 要預先為最壞情況準備好備案，如果能事先更換好 CT 盤、如果能背著一雙跑鞋、準備好禦寒風衣與補胎裝備，在狀況發生時不致影響比賽表現，甚至避免憾事發生。

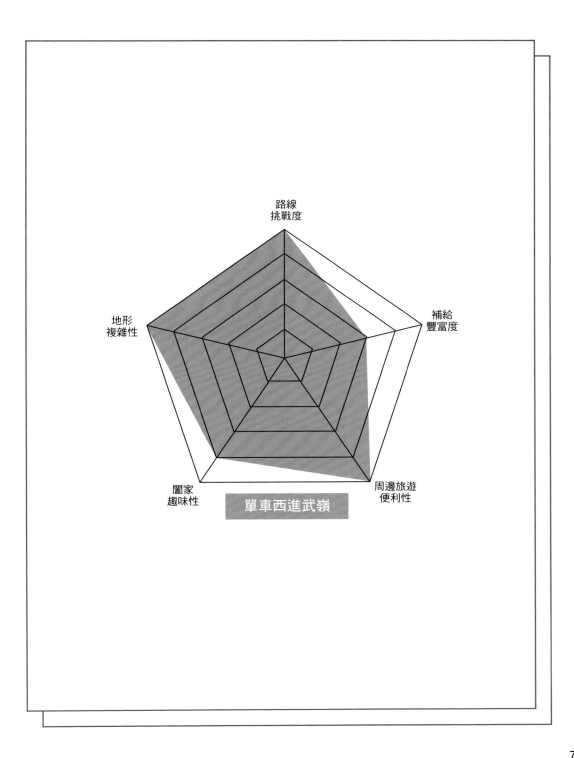

路線
挑戰度

補給
豐富度

地形
複雜性

周邊旅遊
便利性

闔家
趣味性

單車西進武嶺

DNF沒關係！
鐵人精神就是永不放棄

雖然不符合賽事規則，但是我堅持完成了 226 公里，
並且學會在鐵人這條遙遙長路上，只有自己，才能定義自己的極限

Profile

現職
民視「Go Go Taiwan」節目主持人
Podcast「運動人的 Pain Cave」主持人
旅遊作家

人生初鐵
2011 台東之美鐵人三項國際賽 半鐵

主要比賽經歷
2015 LAVA TRI 鐵人三項賽苗栗通霄站 51.5 標鐵
2015、2018 IRONMAN 70.3 Taiwan
2019 LAVA TRI 鐵人三項賽台東活水湖站超鐵 226

「我完成了 226 公里賽事，但我沒有完成 LAVA 226 賽事。」這話看起來很拗口又弔詭，因為這個故事相當曲折。

▍LAVA 巡迴賽 在輕鬆氣氛下體驗台灣之美

我曲折的第一場超級鐵人賽，發生在「LAVA TRI 鐵人三項賽」的台東活水湖站。台東被稱為「鐵人之鄉」，是挑戰初鐵的極佳選擇。因為台東活水湖能見度好又平靜無波，即便多數人剛開始挑戰鐵人三項時會較擔心游泳項目，但都頗能輕鬆駕馭游泳賽段；而單車賽道通常沿著著海線，選手一邊騎乘，一邊可以享受東海岸的湛藍海景，天氣晴朗時，海面熠熠發亮，能排解不少比賽的勞累。

台東擁有豐富的原住民文化，主辦單位在規劃賽事活動時，通常會納入原住民元素的想法或設計，例如原民木雕獎牌、原民圖騰樣式的完賽禮、補給品中有風味餐點、選手之夜融入原民歌曲…等。在這些氣氛的薰陶下，加上台東純樸的自然風光與慢步調，即便是熱血澎湃的比賽，也很容易讓人產生度假感。由於台東路途較遠，許多鐵人也確實會在比賽之外多排定一到兩天行程，好好享受後山生活，是賽事結合旅遊的好場地。

每年在台東舉辦的鐵人三項賽事非常多，IRONMAN 70.3 Taiwan、Challenge Taiwan、普悠瑪等等。我自己在台東參賽過許多次，半鐵、標鐵、半超鐵都有，首場超級鐵人賽也選擇了 2018 年的 LAVA 226。LAVA 是台灣鐵人三項公司除了承接世界品牌 IRONMAN 之外，打造推出的自有品牌。LAVA 系列的賽事規畫通常是巡迴賽模式，鐵人可以在台灣不同城市體驗比賽，同時感受台灣之美。和高手雲集的 IRONMAN 系列相較，LAVA 賽事的氣氛比較沒那麼肅殺，相對輕鬆一些。

完成卻沒有完賽的人生初 226

說「相對輕鬆」，事實上還是不輕鬆。尤其這場人生初超鐵不只有我一個人比，我的外景節目「Go Go Taiwan」也陪著我比。艱難的賽事是特別的題材，因此拍攝團隊特別南下台東，幾乎採全程跟拍的形式，要把我的比賽過程做成節目。

我完蛋了，我想棄賽

我站在游泳下水點，知道有三台攝影機對著我，而我的壓力堆疊成三重：怎麼一邊比賽一邊主持？能不能完賽？沒完賽的話，節目怎麼辦？有這三重壓力，比賽鳴槍前，我的心跳就已經快到難以控制。

台東活水湖是公認好游的開放水域，就像個大型游泳池一樣，但我太緊張了，加上基於職業本能，想讓鏡頭拍到好畫面，我一下水就急著想快速帥氣划行。欲速則不達，心慌氣就亂，我不但異常地喘，而且每換一次氣，一大口水就灌進我的鼻子嘴巴。什麼配速、泳姿、技巧都不重要了，我連求生都有問題！甚至在經過一個救生員時，我試圖搶走他的魚雷浮標（當然是搶奪失敗）。出發不過三百公尺，「我完蛋了、我想棄賽」的念頭已在腦中浮現幾百回。

我想棄賽，可是我聽到外景空拍機還在我上正方噠噠噠地飛，我眼角瞄到我的外景導演還拿著 GoPro 在岸邊對著我拍。我棄賽，節目就不用做了。我抱著浮球，喘了天長地久那麼久，呼吸才穩定下來。

我用擅長的蛙式慢慢往前、慢慢往前。大家說，穿著防寒衣游蛙式，雙腳夾不到水；大家說，超鐵賽游蛙式，後面騎車跑步腿會沒力。但這一切我都管不著了！游泳這一關我先過再說。游泳賽道會上岸一次再下水，共兩圈，我用蛙式游了超過一千五百公尺，看到上岸點時才敢換回捷式。好在，第二圈心情算是穩定下來，不求速度穩穩游，我在游泳項目關門前十分鐘上岸。

我的單車決定她要棄賽！

賽前天氣預報對騎單車來說並不妙：六級陣風，瞬間可達九級。依照氣象局的形容與當地人體感描述，就是在中華大橋上騎摩托車都會有撇輪的感覺。單車路線先北上逆風而行，我游了許久蛙式，雙腿感到苦不堪言。以為逆風就是最大的考驗了，實則不然，我的單車決定她要棄賽！

16 公里左右的路段有個小上坡，我換檔變速時，不知道發生什麼事，「喀」一聲，忽然落鏈，我整個人向右倒，摔車了！我趕緊爬起來，完全不在意自己有沒有受傷，因為我發現不只落鏈，我的導輪摔斷了！

「太好了！不用騎了，可以回家睡覺了」這是我的第一個念頭。「那節目怎麼辦？拍攝長度不夠不就開天窗了？」職業本能很快又發作。

在後方騎摩托車跟拍的導演、外景車、全體拍攝團隊，還有來陪賽的另一半，這時都聚在我身邊。有些修車概念的另一半幫忙檢查了好一陣子、翻出一堆工具，宣布：「沒辦法，這一時修不好。」現場很安靜，大家都不知道該怎麼辦。

我抬頭，看到阿龍扶著他的單車站在旁邊。阿龍是接力組的夥伴，是導演邀請來參賽的東華大學學生，因為怕我比賽中只能自言自語，節目太乾，所以安排接力組，可以偶爾跟我聊天訪談、插科打諢一下。我沒多思考，脫口便說：「阿龍，你願意把你的車給我騎嗎？」混亂中，我不太確定阿龍是爽朗乾脆還是勉為其難地答應我，總之拆換卡鞋扣片半個多小時後，我跨上了他的車，繼續比賽。阿龍很高，車架很大，我的前臂得伸得很遠，彎把很難搆，沒有休息把，但我別無選擇。

其實，根據鐵人賽事規章，比賽選手是不能提供其他選手裝備協助的，但在那當下，我和拍攝團隊都沒想到那麼多，我們只想到「得把節目拍攝完成」。於是，我騎著別人的車，繼續迎戰接下來 164 公里的路程。

逆風，忽然變得不重要了。因為騎著別人不合尺寸的車，痛苦指數

比逆風大多了！手臂僵硬、脖子發痠、後腰疼痛，加上心裡還得暗自計算摔車浪費多少時間、目前追回多少時間、接下來時速得維持多少⋯根本無暇去埋怨逆風。我拼了命地踩，暗自唱著我很喜歡的那首《鞋帽夫人，Madame！！！》：「眼睛要看著遠方　意志鋼鐵般堅強　跌倒也不要害怕」。那歌詞就是在說我，我剛剛跌倒了，我沒有害怕，我還是看著遠方。

騎完第一圈 90 公里，我追上一些鐵友們，略略感到振奮。然而，邁進110 公里時，補給站工作人員卻對我發出訊息：「現在這個時間，妳單車項目會被關門喔！請在這裡折返，不然往前騎到八嗡嗡，可能會直接被回收車載回去喔！」我當下心涼了一截，但還是決定繼續往前。除了考量節目得拍攝完成之外，這時的我已經下定決心：「DNF 也沒關係，但我要完完整整把這 226 公里全數完成，這是我的自我驗收，這也是鐵人精神，永不放棄！」

我時不時站起來抽車，想盡辦法加速。這種長距離賽事，照理說應該穩穩踩踏就好，畢竟後面還有一個全馬要跑，太衝只會讓自己爆掉。但我管不了那麼多，我只希望可以在單車項目關門前進入轉換區。

單車下午四點四十分關門，而我將近五點才停車落地，最終還是晚了十幾分，但我已經打定主意要比完全程，而且，算算時間我還有機會在總關門時間深夜十一點十分前完成，不會耽誤到工作人員時間。於是，我一邊脫下晶片交還給志工，但一邊篤篤定定地告訴他：「我要繼續跑。」

腿還沒斷啊，跑起來！

跑步是一個更漫長的過程，夜幕降臨，黑暗讓人疲憊，且已經運動超過十一小時，身心考驗都很大。即便已經決定要堅持到最後，但「決定」和「身體反應」完全是兩回事。我的大腿外側隱隱作痛，一直在抽筋邊緣遊走，在跑步進入十二公里之後，我只能跑跑走走。

跑步路線是在馬亨亨大道上來回折返五趟，也就是說，同一條路段得經過十次，路旁觀戰的加油團和補給站工作人員都從陌生人變成熟面孔了。

剛開始他們喊加油，我會笑笑或比個讚，三十二公里後進入最大撞牆期，他們再喊加油我只能以沈默回應，或氣若游絲地說：「腿要斷了」。我以為會得到「妳可以的！」「繼續堅持！」這樣的打氣，沒想到他們都回我：「還沒斷啊，跑起來！」每一個人都這麼說。這個賽場上不只選手是瘋子，連工作人員也是，而我莫名奇妙也是其中之一。但想想，一生中能有幾次這麼多人陪著自己，為了一個目標一起瘋狂呢？

我在黑暗中數著腳步，想起每一個天還沒亮的清晨，都是這樣在空蕩蕩的操場上繞圈跑；又想起無數個夜晚，踩著訓練台，聽輪組滾動的聲音，深怕吵到鄰居。我想起經常游完泳後，頭髮還沒吹乾就急著去接小孩或回家做飯。然後我一直唱「眼睛要看著遠方　意志鋼鐵般堅強　跌倒也不要害怕」，一直唱一直唱⋯。

晚上十點五十五分，經過了十六個多小時的三項運動，我在大會關門時間前十五分鐘衝進終點線。一進終點我就哭了，放聲嚎啕大哭那種。另一半也濕著眼眶把我摟進懷裡，反覆對我說「妳很棒，妳最棒了。」

那一刻我心想：我沒有辜負「Go Go Taiwan」這個節目，也沒有辜負我自己。雖然我不符合賽事規則，沒有完成 LAVA 226，但是我堅持完成了226 公里，並且學會，在鐵人這條遙遙長路上，只有自己，才能定義自己的極限。

Finish

2019/03/23 TAITUNG

LAVA Taitung Flow
富邦金控
台東活

16.55.08

SEIKO Sports Timer

Liv

DT SWISS

CENTUPLE
千沛

HOKA ONE ONE

PRO
DESIGN

ravel

G

Fubong

KE

TH

G

撒

2028
段慧琳
KENDA

段慧琳在大會關門時間
前十五分鐘衝進終點後，
放聲嚎啕大哭

1. 喜歡登山的段慧琳，是為了提升登山的心肺和體能才開始跑步，進而投入鐵人三項

2. 在 113 半超鐵的跑步賽段，女兒跑進賽道為鐵人媽媽段慧琳加油

3. 騎著跟隊友借來不合自己體型的車，即便痛苦不適，仍盡力趕上單車項目關門時間

▎登上 226 山頭的鐵人媽媽

近朱者赤，近墨者黑；近鐵人者，必成鐵人。喜歡爬山的我，原本只是為了提升登山的心肺和體能而開始訓練跑步，加入跑團後，卻因為腦波太弱被同團跑友巧言推坑，從馬拉松領域進入鐵人賽場。當時我只會游蛙式，連捷式都不會。

2015 那年，密集在十一個月之內從標鐵一路比到半超鐵。如同許多鐵人的歷程一般，我原本也夢想繼續往 226 公里的超鐵賽邁進，但人算不如天算，半超鐵之後兩個月，我懷孕了。再回到鐵人賽場上，已經是 2018 年的事。

鐵人生活因為懷孕生女，而有了一段不小的 gap，也因為這段 gap，身體需要時間恢復。加上家有新生兒，訓練模式、生活作息都必須跟著調整，重回鐵人賽場變得相對困難。然而，這樣的情況卻更加誘發了我對運動的堅持。體驗過生命的誕生，使我變得更堅毅；外出運動機會寶貴，也促使我珍惜可以運動的每一分鐘，並開始接觸科學化訓練、吸收更多相關知識。原本只是玩票性質、只求完賽的鐵人三項，變成我生活的一部份。

我相信，女生可以不被限制地去追求運動；我更期待自己可以一路維持鐵人生活，直到白髮蒼蒼動不了為止。

▎訓練心法

身為外景主持人，我的工作非常不定時，經常連續多天在外地，原本就已經很難按固定課表訓練，再加上女兒年紀還小，鐵人三項又有三個項目要練，難度更高。因此我會盡量彈性調整訓練項目，不出差的時候，訓練以騎單車為優先；出外景無法騎車採台時，就把跑鞋帶著，收工就去跑步。

另外有個心法是「想盡辦法運動」。例如外景地點離家近，我就騎單車過去跟劇組會合；若去外地拍攝，但距離都市不遠，我就會帶著泳衣，並事先查好附近是否有運動中心或泳池，拍攝完就去練泳。同時我會非常珍惜利用零散時間，例如犧牲午休，到公司對面的健身中心上五十分鐘重訓課，或趁假日孩子午睡時，趕緊跳上訓練台。

段慧琳扛著女兒奔向終點線

備賽攻略－ LAVA TRI 226

◆ 備賽 226 超級鐵人經常需要一日練兩項，以一名鐵人媽媽的生活作息而言，可安排早上五、六點晨跑或晨泳，晚上九點後等小孩睡了再踩訓練台。

◆ 若工作或家庭造成無法完整訓練，把握零碎時間，盡量每天都保持有運動狀態，無論時間長短。例如工作到十一點仍可以做八分鐘 TABATA 三組；或是只能跑步三十分鐘也不放過這短短時間。

◆ 備賽期間可請教練針對肌耐力、有氧耐力加強。另外非常推薦爬山運動，登山通常時間長、活動肌群多、需要負重，不定時爬山對鐵人訓練有不少幫助。

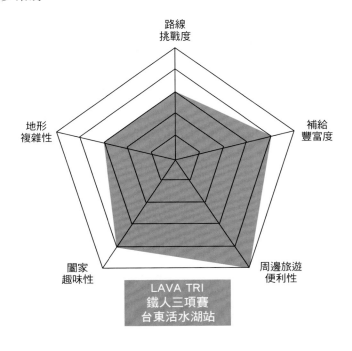

T1

人生初體驗

我想挑戰職業組！

或許我們離世界仍有一大段距離，但如果不先跨出那一步，
我們永遠不會知道那段很大的落差，還需要多少努力才能達到！

Profile

現職

深耕運動事業工作室負責人

XTERRA 全球認證教練暨職業組運動員

中華民國鐵人三項青少年國家隊助理教練

Specialized Asia Hub - Rider Experience Executive

證照

UCI Level 1 Coach / 國際自行車聯盟教練認證

ITU World Triathlon Level 1 Coach / 國際鐵人三項聯盟教練認證

CTTA 中華民國鐵人三項 A 級教練認證

IOC Cycling Technical Coach / 國際奧會自行車技術教練認證

Peaks Coaching 功率訓練認證

人生初鐵

2010 高雄愛河國際鐵人三項 51.5

主要比賽經歷

2012 UCI 亞洲巡迴賽 - 環熊野 國家代表隊成員

2016 中華民國場地全國錦標賽個人追逐賽 銀牌

2019 中華民國越野 XCO 全國錦標賽 銅牌

2019 XTERRA 日本站 職業組第五名

2019 XTERRA 亞太巡迴職業組年度排名 第六名

2020 XTERRA 紐西蘭 Wellington 站 職業組第八名

出版經歷

2015 游泳 ‧ 騎車 ‧ 跑步，鐵人訓練＆比賽 裝備全圖解（臉譜出版）

2019 國民中學健體領域教科書 第三冊 三項全能單元（南一書局）

2020 孩子精 媽媽驚（國語日報出版中心）

2021 國民中學健體領域教科書 第六冊 自行車單元（南一書局）

2018 年 11 月 7 日深夜，我發出申請職業組的電子郵件，不到幾分鐘的時間，就收到了歐洲賽事總監，同時也是前 XTERRA 世界冠軍 Nicolas Lebrun 先生的回信，這並不是一封許可信，而是封蓋了「待查」的回函，而這一封小小的信件，卻開啟了一連串的驚奇之旅！

引頸期盼 XTERRA 落地台灣

XTERRA 這項賽事由開放水域游泳、越野登山車以及山徑越野跑組成，距離主要以奧運為基礎，故以 1500 公尺的游泳展開，不過由於越野環境的不確定性及各地截然不同的地形地貌，陸上項目的里程會因應賽道難度而有調整。XTERRA 全球巡迴賽有超過二十年的歷史，在世界各地超過三十場的分站，不過在 2018 年 XTERRA 正式落地台灣之前，國內認識這項賽事的夥伴大概寥寥可數吧？

阿耕認識 XTERRA 賽事是在 2012 年，當時專注於自行車比賽，雖然已經在 2010 年完成第一場標鐵 51.5 賽事，但對於鐵人三項還沒有太多興趣。不過，當時工作的 Specialized 經銷店家有數不盡的教育訓練資源，囊括公路、越野自行車、環法、世界盃以及各種不同的鐵人三項賽事，我每天都會打開各式各樣的影片，認識那些在台灣少見的賽事，其中就包含 2012 XTERRA 在茂宜島世界錦標賽的畫面，Specialized 選手 Javier Gómez Noya 拿下該年度的世界冠軍。當時已分別有越野賽和自行車賽經驗的阿耕，對這場將三項搬到原始林道的畫面深深烙印在心中，心想「有一天一定要親自體驗一場！」

話雖如此，但在當時 XTERRA 尚未進駐台灣的年代，鄰近雖有馬來西亞、日本分站賽，但對於三項經驗既不豐富，出國比賽的費用更是讓當時還是學生的我始終沒有踏出那一步。直到聽聞系列賽即將在 2018 年落地台灣，迫不及待地整理起所有越野裝備，並在賽道尚未正式公告前，就從來台勘查的海外賽事總監 Strava 軌跡想找到更多一點的賽道資訊。

▎認識「亞洲最佳越野三項」舉辦地－墾丁

墾丁不僅僅是台灣度假勝地，也是鐵人三項的熱門賽場，在 XTERRA Taiwan 於 2018 年結束後，更成為了亞洲深受好評的越野三項賽場之一！

XTERRA 台灣站由墾丁的小灣開始 1500 公尺游泳項目，有趣的是，越野三項的賽道變化多端，當你在比賽一天結束之後回想起游泳，會發現平常緊張不已的海泳項目，在 XTERRA 當中反而相對輕鬆寫意。

登山車賽段騎經墾丁國家公園的牌樓進入山區，路段山勢起伏，你可以從不同的角度欣賞自然生態。台灣站最具特色的莫過於多元的地形，從河床段到樹林伴隨的林道間，再攀升到視野遼闊的大草原，滾石、土路、水灘及草地，這種賽道變化是在其他賽事沒有辦法體驗的。28 公里的登山車賽段（2021 年為 24 公里），若你用公路三項的角度來看，或許只是一場其他賽事的尾數，但別忘了這可是在越野環境！將近 900 公尺的爬升，很多選手要花三小時以上的騎乘。

騎完登山車，長達 13 公里（2021 年為 12 公里）、70% 路段為下坡的越野跑路線，提供了極高的可跑性。你可以像個孩子般在山間走跳，不過此時經過前兩項的挑戰，疲勞的雙腳在越野下坡段也是考驗著核心與肌力。冠軍選手花費不到三小時能完成越野三項，但關門時間長達八小時，光是從這樣的時間安排，就可以感受到這是一個體力與技巧並重的競賽。

除了困難度高的越野三項之外，賽事更包含各種不同距離的越野跑，以及幼童專屬的 Push Bike 項目，XTERRA Taiwan 絕對是全家大小都可以享受的賽事。

話說回來，這段標題的「亞洲最佳」可不是自己講講。XTERRA 台灣站獲得 AsiaTRI.com 獲選為「最佳越野三項賽事」，除了獎項殊榮可見賽事的成功，也可以從每年不斷增加的海外選手看出端倪。國外選手都表示，這是一場交通便利、賽道具有挑戰且精緻的賽事。

獲獎實至名歸，在阿耕以職業選手身份到國外參賽的經驗中，真的沒有任何國家有像 XTERRA Taiwan 這樣的接駁便利性，即便是國外選手自行搭飛機抵台，也都可以很容易地抵達墾丁。在賽事路線上，即便許多國家的登山車很普及，卻鮮少有如墾丁一般多元。另外在參賽感受上，少了公路三項的肅殺感，加上墾丁原本就是度假勝地的先天優勢、具有特色終點設計，更不用說在賽事晚宴上，來杯啤酒與朋友一起聽著海風吹拂，看著白天才剛結束的賽事回顧影片⋯簡直是人生一大享受啊！

▌職業組初試啼聲

在 XTERRA Taiwan 首屆賽事之後，我有個大膽的想法：挑戰職業組！

挑戰職業組並不是一件容易的事，脫離了原本的分齡競爭，進入真真實實的弱肉強食，在高額獎金以及賽事積分的競爭之下，全球各地好手都將角逐每一個分站的冠軍頭銜。其實我內心非常清楚，無論是個人能力、經驗還是資源，自己在職業組很難能有所斬獲，但參與職業組的競賽，除了是追求更高的表現與成就，重要的是能夠向更年輕的選手證明「只要足夠的努力、萬全的準備，每個人都可以找到屬於自己的舞台」。尤其過去從來不是科班體系、沒有受過正規三項訓練，甚至不是競技相關科系的我，若能在這樣的環境中生存，更證明了這並不是一條狹窄的道路！

當我正式收到歐洲總部的確認信，將以職業組身份參加 2019 XTERRA Taiwan，這除了是 2019 年 XTERRA 世界巡迴賽的首站，也將是我的第一場職業組賽事。實踐之路正式啟航！

游泳混戰　連洗腳水都喝不到

清晨五點的天空還沒亮，轉換區擺放作業與平常沒有太多差異，我們檢查器材、胎壓及補給品的固定，但這是我人生第一次拿到數字這麼前面的號碼，而身旁每一位選手幾乎都有幾個冠軍頭銜。這場賽事當中若扣掉上屆衛冕冠軍，光是世界冠軍、各洲際冠軍或是世界錦標賽前十的選手就有六位，我當然知道職業組肯定是浪濤洶湧，但從來沒想過在第一場職業

賽事就面臨有如大聯盟全明星等級！

　　原本以為在腦中模擬過無數次開賽場面可以克服緊張感，但當站在起點拱門下，唱名「來自台灣的許元耕」，加上現場眾人的聲音，感覺腳底的細沙彷彿快速流進身體中，墾丁的海風瞬間灌進了胸口。

　　如原本所預期，游泳階段的混戰連洗腳水都喝不到。雖然說 XTERRA 以陸上項目的越野段決定戰局，但前段班的職業選手也都有著二十分鐘內游完 1.5 公里的能力，我即便試圖緊咬，但兩百公尺過後就已經是個人計時賽，上岸後上氣不接下氣，但也只能全力奔馳，希望能趕緊在擅長的越野登山車賽段縮短差距。

3 公里極陡坡的猛攻

　　原以為在自己的國家、自己主場，無論是對於天氣的適應、賽道的熟悉，都有助於在比賽中取得優勢，然而當正式進入越野登山車段，不知道是游泳的餘悸猶存，還是想追上前方選手的壓力，前三公里河床路段明明在練習時無比順暢，卻在正式賽中失誤連連，始終沒有辦法抓到好的節奏，一直到五公里過後才逐漸找回車感與節奏。

　　這一路上，除了賽事指示路牌以及岔路點工作人員之外，好似一場個人的荒野騎旅，除了自己的喘息聲，登山車寬大的輪胎搭配無內胎的空氣容量，有如擊鼓般，在每個下坡路段中催促我多加一點力量在踏板下壓！

　　當騎乘到墾丁著名的門馬羅山道上，環境視覺從河床、樹林間直線視角，轉換到遼闊的環景，讓我可以確認每一個對手的位置。此時心想：「落後晏慶學長相差一個山頭，不確定能不能在跑步前跟上，但有自信可以在門馬羅山道連續三次上坡、三次下坡之前，追回 2018 亞太年度排名第六的菲律賓選手 Joe。」

　　與 Joe 並肩完成墾丁縣道 200 的過渡區，這是一段可以稍作喘息的緩下坡，即便眼看著他不斷違規利用柏油路節省體力，但也無心於爭論規則，

心中正計畫著為最後一段 3 公里極陡坡做努力。

　　還記得在 2018 年時，為了在這 3 公里的爬坡節省腿力，選擇在陡升處改用牽車來避免跑步路段的體力耗竭，2019 年的自己竟然在這個耗能賽段發動攻擊！雖然有些冒險，但也順利甩開 Joe 同時追到晏慶，我們倆一前一後進入 T2 轉換區，迎接賽事最後一項 — 越野山徑跑。

你痛苦、我痛苦 但說到放慢腳步誰都不服輸

　　轉換一直是我蠻擅長的區段，僅用了 49 秒的時間把自行車交給工作人員、拿到轉換袋、換上跑鞋、離開 T2 轉換區，獲取到些微的領先優勢。不過，此時左腳的股四頭肌已經鼓噪想罷工。出轉換區 1 公里就是急劇攀升的路段，除了階梯和動輒坡度 20% 的產業道路，還有林道間的樹根、石塊要對付，在疲勞時常常以為自己可以跨過，其實腳根本沒有離地板多遠，差點絆到。

　　明知道這時應該要放慢腳步才能夠恢復狀態，但若此時開始當步兵行軍，絕對又會被後方選手追到，於是，不斷在極為細膩的肌肉使用轉換中，希望能找出一些還可以輔助跑動的力量。隨著上坡即將結束，總算慢慢找到流暢跑動的感覺，但此時後方晏慶的腳步聲，已經預告了追擊的到來！

　　在下坡路段與晏慶短暫拉鋸戰，但仍不敵雙腳的疲勞，再度從與對手相互競爭的劇本，追到只剩一個人的世界。在一連串的下坡當中，仍然無法分神地專注在每一步踏點，時而跨步略過滾動的咕咾，時而低頭閃避上方的枯枝，彷彿大自然正在對你上下其手，有時心有餘而力不足地與他們肌膚之親，趕緊再提起腳步重新對焦。

　　穿越感覺像昨天才進來過的林道入口，隨著越來越接近墾丁牌樓，賽道志工以及人車的經過提示了終點即將到來。此時早已忘記雙腳的疲勞，視覺畫面再度從自然進入人文，接著轉到海水拍打的岩岸，跟著逐漸清晰的大會音樂以及主持人唱名進到終點。

　　迎接在終點的大家，真的差點讓我感動落淚！雖然說成績實在沒能真正稱頭的與「職業組」齊名，但總成績比起前一年有半小時的進步，也算是小有斬獲。

　　總成績 3 小時 13 分 24 秒，男子職業組第十二名。

　　當同為職業組的忠義哥抱著女兒進入終點，宣告了三位台灣選手轉戰職業組的首站順利完成，並試圖往更高一階的層級伸手觸碰。

沒有跨出第一步　永遠不知道需要多少努力能達到

　　台灣站並不是句點，緊接著我先後參與了紐西蘭、大溪地、日本以及中國分站，完整地挑戰了 2019 年的亞太巡迴賽，也以職業組年度排名第六做結尾。在職業組賽事的琢磨之中，感受到即便所有選手都為了追求更高的成績奮鬥，卻又彼此相互扶持，在 2019 台灣站拿下亞軍的 Sam 和冠軍 Bradley，不只在賽道上總是形影不離地相互較勁，在生活中也互相交流、分享訓練。

　　而在 XTERRA 這項人文與自然並存的運動賽事中，我們用身體親自感受了從海平面到海拔兩千公尺以上的高原，在大自然的指教下讓人更懂得敬畏。或許我們離世界仍有一大段距離，但如果不先跨出那一步，我們永遠不會知道那段很大的落差，還需要多少努力才能達到！

1. 「2019 XTERRA 世界巡迴賽」開賽前，職業組選手們於開賽起點前合影（圖片來源：XTERRA Taiwan）
2. 在越野車項目前 3 公里河床路段，阿耕失誤連連無法抓到好節奏（圖片來源：XTERRA Taiwan）
3. 騎越野車時，阿耕非常推薦使用水袋背包，除了能承裝補給的水和食物，騎乘時背後的保護也更有安全感
4. 越野跑項目一連串下坡時，與江晏慶展開拉鋸戰
5. 林忠義（中）、江晏慶（右）與許元耕三位台灣選手轉戰職業組的首站順利完成

▍想撕掉「你爸媽是老師，當然很容易…」的標籤

有些人為了減肥接觸運動、有些人則為了升學，而我是為了證明「自己可以做到」才進入這個神奇的世界！

雙親都是教職員，俗稱的書香世家讓「功課好」總被視為理所當然，這樣的理所當然讓我感到無趣。因緣際會接觸棒球，發覺在運動場上我就不用被冠上「家學淵源」的印象，於是以「想證明自己可以」的動機加入甲組棒球校隊，甚至以職棒舞台做為目標，然而當表現逐漸被看見時，卻因為旋轉肌腱受傷而離開球場。

手受傷？那就改用腳運動！有別於棒球如同羅馬競技場的賽事舞台，我在自行車各種項目中，發現到騎乘時與自己對話的樂趣，參加了大大小小的比賽，更因此有機會到各國參賽。

大學期間主修運動訓練相關學程，鐵人三項原本不在規畫當中，卻也因為周遭朋友的耳濡目染而加入，怎麼也沒想到，自己最終藉由結合三項及越野的 XTERRA 成為職業選手，將當初旁人認為不切實際的職業選手大夢，真真實實的拉進生活當中！

▌訓練心法

沒有什麼訓練法比「開始」更實際。我們都很容易被社群當中的資訊給疑惑，看到菁英選手動輒三十小時的訓練量，或是驚人的游泳距離，總覺得自己沒辦法做到，想開始又怕時間不夠、體力不夠。然而讓訓練有效的真正關鍵，是更認識你自己，即便你每週只能撥出五個小時訓練時間，又或者是目前只能跑完 3 公里，都無礙你成為一位優秀的三項玩家！

在剛開始接觸游泳時，我因為打棒球造成的肩部舊傷雖已無礙，但無法進行距離太長的游泳訓練，不過仍每天不間斷讓自己逐漸找到適合的方式，掌握在水中的動作控制，也從剛開始只能在關門前完成 1500 公尺，到現在能夠維持三十分內完成的游泳表現。

「開始」才是重點！忘卻那些複雜的訓練內容，先養成運動訓練的習慣，將這些內容融入到生活中，慢慢地，你會找到屬於你的運動模式、訓練節奏，且隨著日複一日的累積而進步、成長。

阿耕原本以職棒作為目標，後來因傷離開球場，反而在越野三項上發光發熱

備賽攻略－ XTERRA Taiwan 越野三項

XTERRA 越野三項台灣站有 1500 公尺海泳，加上墾丁國家公園美麗的越野登山車路線，最終以雙腳回到海岸線，在別具風格的終點線留下珍貴畫面。然而，當鐵人三項從公路進入越野環境，當然有非常多的技巧差異，最大是在體能方面，完賽時間從冠軍選手三小時內，到關門時間長達八小時，需要具備至少 113 公路半程超鐵的完賽體能與以下技能：

◆ 開放水域海泳

XTERRA Taiwan 賽事宜人的氣候，在過去幾年都沒有開放防寒衣，練習時可以多加強踢腳的訓練。另外，因為水溫較高，將讓你在游泳中不知不覺流失大量水分，務必在賽前多補充水。

從沙灘出發後，選手將進行兩圈 750 公尺繞行。可先練習如何在沙灘上跨越浪花，節省你的體力消耗。上岸、下水的交替會因為沙灘跑動讓呼吸更喘、更急促，當再次入水後務必專注在調整呼吸節奏上，可以在日常訓練中搭配一些憋氣潛泳的練習，來幫助肺活量提升。

◆ 越野登山車

墾丁越野自行車路線變化多元，從河床、礁岩、滾石到草原，約 26 公里的越野騎乘要爬升近 900 公尺，且超過 8 成的自然越野環境。建議大家可以選擇 29 吋全避震車，輪胎顆粒不用太深，但最好選擇側邊防刺加強的版本，避免在礁石路面刮破外胎。另建議在賽前安排一次完整騎乘，了解路線同時，也能估算自己的配速。

要注意的是，賽事時間氣溫較高，加上越野自行車賽段需花費動輒兩小時以上，務必準備足夠的飲用水。非常推薦使用水袋背包，除了能承裝補給的水和食物，騎乘時背後的保護也會讓騎士更有安全感。

◆ **越野山徑跑**

除了第一公里為陡上坡，絕大多數路段都屬於可以高速完成的緩下坡及平路，賽事補給點充足，可以不使用水袋背包。不過，在經過登山車路段的挑戰之後，下肢反應可能不像平常那麼俐落，建議在日常訓練中加入重量訓練，建立肌力基底。

在越野三項賽中，不少職業選手會省去穿襪子的環節以爭取更快的速度，但對於一般參賽選手來說，穿襪子的舒適性會提升非常多，穿上襪子吧！

◆ **轉換區注意**

賽事將 T1/T2 安排於不同地點。使用轉換袋放置 T2 器材，前一天記得確認器材，不要放錯物品。過去就有選手把騎乘用的運動鞋放在轉換袋，你可不會希望這樣的事情影響比賽節奏！

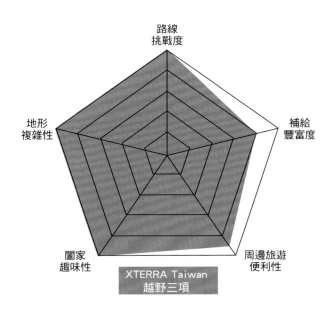

圖片來源：ZIV 運動眼鏡

練成一個真正的鐵人

我拖著疲憊的身體向前一鞠躬,向後轉身再一鞠躬,這是每位
選手都會做的,因為我們都深深感謝這場賽事所帶來的一切

Profile

現職

運動單車指導教練

小鐵人指導教練

彩姿弦樂團總監

Crystal 藝術工作室指導教師

主要比賽經歷

2017 年全國運動會台北市計時賽代表隊

2019 年全國運動會台北市公路賽、越野賽代表隊

2016 破風北海岸 100KM 女總一

2016 環大台北自行車挑戰 女總二

2016 西濱 160 女總二

2016 羅馬公路縱橫挑戰賽 女總四

2017 西濱 200 女總一

2018 沖繩第一屆國際鐵人三項錦標賽 51.5

2019 菲律賓宿霧 IRONMAN 70.3

2019 Challenge Taiwan 113 女分二、取得德國斯洛伐克世界錦標賽資格

2020 IRONMAN 70.3 台東 女分二、取得 2021 美國猶他州世界錦標賽資格

人生初鐵

2019 年 Liv Iron Girl 台東女子國際鐵人三項賽 51.5

在我專注於單車運動時只參加過兩鐵賽事,而三鐵接力是我進了國泰產險鐵人隊後,因為不會游泳,總是跟隊友組三鐵接力隊,每每都拿下第一名。後來在鐵人三項賽事裡認識了許多鐵友,他們聊天時常說:「沒比過個人鐵人三項的都不能叫做真正的鐵人。」這句話激勵了我,也讓我開始努力學習游泳。

▌旱鴨子挑戰活水湖－人生初鐵 Liv Iron Girl

生性怕水的我揪了幾位朋友一起找教練學游泳,從最基礎的打水、韻律呼吸、划水,一直到換氣、調整姿勢、定位,零零落落地學著,也自己慢慢累積游泳的距離、耐力與速度。游泳訓練總歸一句話:「要有量跟速度,才比較有把握能在規定時間內游完 1500 公尺。」

原本我預計每週游兩三天,但因為常跟一些熱心指導的朋友相約,就變成一週游三四天,偶而也會到以「鯨魚池」著稱的松運去嘗試深水池的感覺,每次都游得很緊張,呼吸急促、換氣不順、手腳不協調,恍如不曾游過泳的初學者一樣。不過腳因為踩不到地而恐懼的心理因素,只能靠自己慢慢克服。

只有累積沒有奇蹟,累積往往又是枯燥無味,一成不變的。每次下水後只能告訴自己,游完 100M、游完 200M⋯到游完 1400M、游完 1500M,練完收工後常常呈虛脫狀態,步履蹣跚,沐浴更衣後回到家,一躺到床上就能一覺到天亮。

就這樣,我一邊跟著教練學游泳,一邊多方詢問初鐵賽事的選擇,後來決定以大部份鐵友初鐵會選擇的活水湖為目標,因為它算是開放水域中最平易近人、最容易掌控的場地了。最後,我選了鐵人公司跟捷安特聯名的「Liv Iron Girl 台東女子國際鐵人三項賽」做為人生第一場鐵人賽事。這也是我開始學游泳十個月之後,首度挑戰個人鐵人三項比賽。

就算被關門，我也要一定要游完 1500 公尺！

賽前兩週，我特地到活水湖做移地訓練，第一次站在活水湖旁，嚇到一度想棄賽，此時很感謝我身邊的小天使、守護神一直鼓勵我，還在寒冷的天氣一大早陪我早起練習游泳、熟悉場地。在訓練的過程中，有人能很熱心地指導妳、陪伴妳一塊訓練，還不斷地鼓勵妳、幫妳打氣，以降低心中的不安與焦慮，這一切都會讓妳感激莫名，感觸良深，也默默在心中激起一陣漣漪：「就算被關門，我也一定要游完 1500 公尺！」

一次，我特地找了幾位朋友一塊下水，讓我熟悉正常比賽的水中大亂鬥。有時腳被抓一下、有時頭被巴一下、有時被蛙腳踢一下。是真的，不要懷疑！這些都是在游泳項目裡正常演出的戲碼，妳必須把它練到習以為常，並隨時準備應付所有的突發狀況。

飄著飄著終於上岸了

隨著時間一天一天消逝，正式比賽的日子終於來到。下到活水湖的起點，朋友問我：「妳要游旁邊？還是游中間？」我忍著心中的恐懼回答：「游中間好了。」我的直覺是游中間直來直往比較簡單，也不會多游，可以節省耗在水中的時間。

開賽的汽笛聲響起，下水後，我就不顧一切地往前衝，剛開始幾十公尺還有點失去節奏，呼吸紊亂，趕緊用韻律呼吸做幾下深呼吸，把節奏調順，再依著訓練時的動作，一下一下划著、一下一下踢著，在不超過自己的體力負荷下，慢慢加快速度到練習時的配速。

在水中緩緩前進，有時被超越、有時超越別人，過了折返點後，隨著定位換氣時看到終點的岸邊越來越近，我仍然不敢加快速度，一直告誡自己：「不要急，後面還有兩項任務必須完成！」就這樣飄著飄著，上岸了⋯終於，我做到了。事後才發現，我在游泳這個項目其實差點被關門。

上岸後，拖著有點沉重的腳步小跑進到 T1 轉換區。拿起毛巾擦乾腳，穿上襪子、卡鞋，戴上安全帽，推著單車，一樣小跑步前進，過了拱門的上車線，跨步上單車，此時，我才真正感覺活了過來。

鐵人不怕抽筋　抽完就可以繼續

鐵人三項中，單車是我最有把握的一項，於是我開始慢慢加速，隨著迴轉速越來越快，速度也跟著上來，過了第一個急轉彎上中華大橋。不料下橋時，一個窟窿震了一下，水壺就噴掉了，當下沒有多想，只能一下一下地踩著，讓單車照著自己以前熟悉的配速向前推進。這場單車路線屬於小緩坡式的賽道，風不是特別大，稍微注意一下忽然而來的側風即可，在毫無懸念、沒什麼心理壓力下，我控制在自己的預計時間內進到 T2 轉換區。

放好單車，脫下卡鞋，迅速換上跑鞋、戴好帽子和眼鏡，就開始邁開跑向終點的步伐。剛跑出活水湖沒多久，我的大腿開始抽筋。「好痛呀…」從來沒抽筋過，可能之前沒有三項一起訓練過那麼長的時間，肌肉開始發出無聲的抗議。剛好巡護員過來，看到我一臉扭曲的痛苦表情，還對我拍了照要幫我叫救援，我當下馬上回絕說：「鐵人不怕抽筋，我等它抽完就可以繼續了！」

休息一會兒，等抽筋緩和後，我站起來兩腳動一動就繼續出發跑下去，但已經不敢把速度拉起來，只能控制在將抽未抽的配速上，緩步慢慢地吃掉剩下來的里程數。我一路堅持緩步跑著，進補水站只有快速淋水緩和抽筋的肌肉、喝杯水就趕緊上路。

在大家的加油聲中，我看著終點拱門越來越近，心情就越來越激動，腳步不知不覺加快起來，在大家的加油聲跟掌聲中，我終於跨過拱門，進入終點。工作人員為我戴上完賽獎牌，我忽然才意識到…我做到了，我完成了人生中的第一場鐵人三項比賽！

此時，淋在身上的水、汗水、淚水已經分不出來，我拖著疲憊的身體向前一鞠躬，向後轉身再一鞠躬。這是許多選手跨過終點線後都會做的事，因為我們都深深感謝這場賽事所帶來的一切，包括主辦、協辦單位、贊助廠商、幕前與幕後工作人員、志工，以及一路上一起陪伴、一起互相傷害的朋友、教練，和不吝給予選手掌聲的熱情觀眾，才能成就選手今日的平安完賽。千言萬語表不盡，不盡表於心，只有感恩再感恩。

心中的小樹苗悄悄發芽

我跟著大家一邊休息、一邊分享著比賽過程中的點滴甘苦。來到了大會頒獎的時刻，每個分組能站在頒獎台上受獎的選手，都是非常開心的。這段期間的訓練沒有白費，我出乎意料拿下分組第八，從頒獎人手中接過紅色的獎盃時，真是有無法言喻的喜悅。這才體會到鐵人三項完賽後，總是帶給鐵友們滿滿感動。

台上一分鐘，台下十年功。那些訓練過程中所花費的一分一秒，此時就像跑馬燈一樣，在眼前一幕一幕地閃過，十個月的點點滴滴就在這一分鐘內，像一段縮時錄影般播放了一遍。我心中的一棵小樹苗悄悄地發了芽：這一輩子都要開心地、快樂地、健康地一直運動下去！並且儘量在運動的過程中，給予其他人所需要的幫助，減少他們的跌跌撞撞，讓他們能跟我一樣運動得更開心、更快樂、更健康。

比完初鐵之後，我開始參加多場鐵人三項賽事，包括澎湖IRONMAN、台東 IRONMAN 70.3、LAVA 所有 51.5 與 113 賽事、梅花湖、微風、安平、普悠瑪、超鐵、東之美、Challenge Taiwan 等，全省鐵人三項賽事幾乎都參加過，距離囊括 51.5、113，以及 226 接力。感謝團隊與贊助廠商的全力支持，給予我最大的支援，讓我能盡情地馳騁於賽場上，努力爭取佳績。

1. 林玉芳（圖左）在人生初鐵 Liv Iron Girl 意外獲得分組第八上台受獎
2. 領先車隊團練
3. 完成人生初鐵後，林玉芳拿著辛苦換來的成績證明與終點拱門合影
4. 2019 Challenge Taiwan 賽事，在最後一項路跑賽道上準備衝進終點

騎單車減重減成「西濱一姐」

2014 年 8 月，在一個朋友聚會中，大家聊到想一起騎單車減重，於是就相約每天晨騎淑女車上中社（大台北地區車友的熱門練騎路線），我越騎越有興趣，後來在一場夜騎活動中，因為破胎受好心車友協助。偶然加入一個休閒車隊，往後就應邀一起團練，訓練地點正是離家最近的陽明山、中社、冷水坑，這便成為我單車訓練的後花園。同時，我也入手人生第一台公路車，從此開啟了單車生涯，進而轉戰鐵人三項運動。

人生第一場單車比賽－西濱 100，發生在我第一次跟車隊練車摔車受傷的隔一週，賽後我拿下女子總排第七名，超有成就感，覺得太好玩了！後來訓練強度越練越高，在團隊的支持與簇擁下，我報名了輪霸西濱 160，當時車隊組了破風團來幫我破風，目標是拿下女總一。比賽當天，去程一路跟著第一集團騎到折返點，結果由於聯繫失誤，破風團掉了一半以上，最後只剩兩三人推進到終點，我與第一名相差幾分鐘，只拿下女總二。

隔年我又興致勃勃地報了輪霸西濱 200，好友們情義相挺一起來幫忙破風、領騎，一開始出發騎到永安漁港，遇到落隊的去年西濱 160 女總一，相邀之下她就跟著我們一起騎，到達折返點，隊長說要補給一下，我們兩個女生就把隊長海放在補給站，一起先騎走了。回程跟了好幾個小集團，互相輪車，一直到竹圍漁港時，其他人休息的休息、補給的補給，最後只剩我們兩個女生繼續挺進，在距離終點剩 20 公里時，隊長獨推了 80 公里追上來，繼續領著我們一塊帶進終點，讓我順利拿下西濱 200 的女總一，而這就是「西濱一姐」的由來。

在這場賽事我頂著「西濱一姐」的光環，受到國泰產險鐵人隊的邀約，代表參加新北翡翠灣國際鐵人三項錦標賽女子組接力，專責單車項目，也順利拿下第一名，賽後因緣際會進入國泰產險鐵人隊。至今，已參加過近五十場單車挑戰賽、十多場兩鐵、二十多場三鐵，仍舊為了健康、減重、維持優美的體態，持續在運動場上馳騁著。

備賽攻略－ Liv Iron Girl

以下是根據個人從單車進入鐵人三項的經驗，針對同類初鐵選手的建議。

◆ 平常的訓練除了游泳、騎車、跑步三項之外，也可加入一些增加肌力與肌耐力的訓練，像重訓、飛輪及瑜伽。

◆ 訓練量上，身為一名單車選手進入鐵人領域，要記住游泳、跑步都必須靠日積月累的訓練量去堆積，沒有量就不會有成績。單車的訓練時間相較之下少了很多，只能維持之前單項的基本強度。游泳除了練習量之外，還有細微的姿勢要微調。跑步則應該跟教練討論，花一段時間調整跑姿、步頻與步幅，這些需要經過一段時間的訓練，尤其跑步項目才是比賽分出勝負的關鍵。

◆ 學習在轉換區如何縮短時間，例如換裝備時要不要穿襪子、要不要戴手套、要不要用豆豆繩，這些都會差異幾分鐘的時間。防曬很重要，但盡量縮短塗抹防曬的時間，任何讓自己慢下來的因素都必須盡量排除掉。如果已無法再節省其它時間，那努力的焦點就是量的累積，以及與其他選手的比賽經驗交流了。

◆ 補給的時機要自己去實際嘗試，有人在游泳一上岸就吃補給，再騎上單車比第二項；有人就會選擇在單車上再做補給。我的建議是，在轉換區不要花太多時間，出了 T1 當單車騎出速度時，再吃補給或補水，在進 T2 的前幾公里先吃補給、補水，進了 T2 直接換裝後就開始跑了，不要在轉換區浪費時間補給，後面的補給就是等進補給站再吃就好。

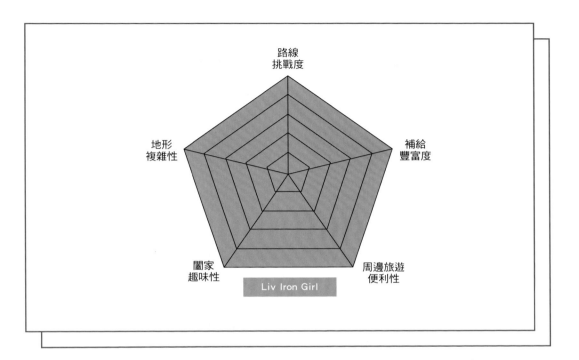

▎訓練心法

除了參賽，平常的訓練必須持續進行。

跑步訓練：週跑量維持 30-50 公里，包括三次短跑、一次長跑，假日挑選
山路長跑做為耐力及有氧訓練。

游泳：除了平日維持兩次泳池訓練保持水感，假日進行海泳當做賽前開放
水域的訓練，增加信心與膽量。

騎車：因為工作限制，週間兩次在家踩訓練台，假日一次100-150公里長騎，
增加騎乘靈活的技巧、平衡感與路感，並熟悉突發狀況排除的臨場
反應。

三項只要維持規律訓練、完成自己或教練訂定的課表及里程，相信每個人
都能成為自己心目中的鐵人三項好手。

在全球最美的海灣
突破自己

因為在比賽中身兼雙角色，我對自己的要求是
比一般參賽者準備更充足、更了解當地場域

2018 泳渡澎湖灣

李詹瑩
Joy Lee

07

Profile

現職

Joy Up Founder
台灣大學晨型人瑜珈老師
愛爾達電視瑜珈「防疫動起來」節目
多場大型品牌活動瑜珈老師
台北市政府「女力一家一」瑜伽老師
瑜伽指導資歷 7 年
私人游泳教練、各大團體游泳總教練 11 年
大型鐵人三項、馬拉松、長泳活動代言人

人生初鐵

2015 台東之美鐵人三項國際賽 女總六

選手資歷

前國家女子最高紀錄保持人：50M、100M、200M 蛙
式，連續六次破全國紀錄
多次擔任國家游泳代表隊選手
亞洲分齡錦標賽二銀四銅

主要比賽經歷

2016 Challenge Taiwan 分組第一
2017 日月潭鐵人三項 分組第一
2018 泳渡澎湖灣 2:29:24.27 總二
2020 屏東大鵬灣鐵人三項 分組第二

　　早已聽聞「泳渡澎湖灣」的路線既長又很有挑戰性，而具備游泳國手身分和鐵人三項經驗的我，很開心能受邀擔任 2018 年活動代言人。主辦單位原本邀我參加 2000 公尺組別，不過既然要參賽，那就要真正從西嶼大菓葉玄武岩游到本島「泳渡澎湖灣」呀！於是我自告奮勇要求參加最長的 5000 公尺組。

▌在全球最美的海灣比賽

　　「泳渡澎湖灣」在全球最美麗的海灣之一－澎湖灣舉辦，海上長泳活動是澎湖每年地方上的重要大事，賽事距離分為 500、2000、5000 公尺三個組別。

　　每場比賽各有特色，泳渡澎湖灣最大的不同除了在長距離項目相當具挑戰性，更結合澎湖當地觀光，周邊美食、娛樂、住宿飯店應有盡有。從美食說起，新鮮海鮮是必備，海膽從路邊現挖吃到餐廳，各式各樣的菜色都有，在台北市找不到這樣份量多又新鮮的地方！澎湖當地海鮮餐廳只要評價不錯的都是在水準之上，家家令人驚艷。除了海鮮，牛肉湯和小吃、甜點也很棒。參賽者可以安排多留幾天在澎湖，這絕對是賽前肝醣超補、賽後營養補給的好地方。

　　再者，來到最美麗的海灣當然要玩水上活動，我當時可是賽前玩、賽後也玩呢！相信愛玩水的大家一定跟我一樣很心動。水上活動最普遍的是潛水，可以欣賞珊瑚、找海龜；也有近年流行的坐帆船、SUP 立槳衝浪、Wakeboarding 寬板滑水、划獨木舟等。

　　如果有帶孩子，可以參加「夜探龍宮潮間帶」之旅，全家大小都非常適合，也讓我們這些台北俗大開眼界，知道餐桌上的食材原貌長什麼樣子、不是所有海膽都能吃、如果嘴饞哪種蚵可以直接敲來吃…等等冷知識，活動好玩又有意義，回家後回憶無窮。

　　最後有一點非常值得推薦，除了周邊的海上活動之外，活動當天晚上

剛好碰到澎湖當地著名的花火節，那場煙火美得讓我印象深刻。煙火秀時間很長，更搭配漫威的無人機表演，我在各國看過那麼多煙火，第一次看到這麼精彩、離觀者最近，彷彿在眼前一樣的煙火秀。最棒的是，煙火觀賞地點就是在賽事的集合處，可以先選擇附近的民宿，一早比完賽先吃海鮮大餐、賞風景、玩水上活動，晚上再去看煙火。有比賽也有玩，很適合攜家帶眷一起來參與，絕對讓每位參賽者和加油團不虛此行！

▍代言人、選手雙角色參賽

這場比賽對我來說是個相當特別的突破，第一次參加我就報名 5000公尺組，而在這之前，我參加過美國西雅圖大約 3.2 英里（5.15 公里）的長泳比賽，水域為華盛頓湖而非大海，另外參加過國內的基隆外木山、游向龜山島，不過這兩場國內賽的距離都相較短。這次不只在海泳里程數上突破，更因為我受主辦單位邀請為賽事代言人，同時也是參賽選手。

賽前遇見不畏艱難的小選手

因為身為賽事代言人，在開賽之前，主辦單位邀請我去參觀當地的游泳訓練館，與當地的教練做交流，了解到當地選手們的訓練狀況，也分享一些經驗給當地選手。我發現，其實澎湖的孩子運動素質都很好，從自身條件、態度與身體協調性，到硬體與訓練環境都很適合游泳，只可惜沒有太多資源、知識和技術能讓他們學習。

讓人敬佩的是，很多家長和孩子都相當有心，不辭辛苦地每週高雄－澎湖來回奔波，就是為了讓小選手能得到更多學習資源。我聽到當下非常感動，也認真傾囊相授，在短短時間內把看到的問題都與他們分享，希望可以讓這些努力的孩子有收穫、更加進步。

5K 海泳跟我想的不一樣！

比賽前我其實沒有設定任何目標，因為自己沒參加過這麼長距離的海上賽事，只求平安完賽，開心、安全，好好與大家一起享受比賽就好。不過，因為在這場比賽身兼雙角色，我對自己的要求是比一般參賽者準備更充足、

更了解當地場域。為了要熟悉比賽環境,我還事先做足了功課和擬訂策略,以下是我在賽前提過的重點:

1. 身處大海要處變不驚

海泳時有不可知的潮汐水流、暗礁,一個大浪過來可能就直接把人打翻,心理壓力與恐懼可能會讓很多人投降。因此,處變不驚地面對各種情況相當重要!當浪不高時,可以試著讓身體過浪頭;當大浪來,可以潛到海底過浪。此外,也要隨時對當下的海流非常敏感,如果碰到逆流,要確保自己的方向正確,並將速度提升去迎戰。

2. 蛙式、捷式、立泳互相搭配隨機應變

面對大海,千萬別認為只靠一種姿勢就可以百分之百平安完賽,游泳當下會遇到很多意外,建議蛙式與捷式之間互相轉換是最好的選擇。當自由式游一段距離時可以轉蛙式,或者當疲憊、氣喘不過來、想要明確找定位方向時,也可以先選擇游蛙式一段時間,準備好再出發。

選擇蛙式的人,蛙腳踢久了很容易感到疲累,這時候可以轉換成捷式相互搭配恢復體力;或是面對逆流時,也可以換成捷式加速前進。要注意海浪會從不同方向過來,如果捷式只會單邊換氣,很容易一直吃到水而無法順利換氣,所以一定要學會兩邊換氣才能避免嗆到,順利前進。另外,如果在海裡想喝水、補給,或是想趴魚雷浮標,可以使用立泳做休息調整。

3. 注意定位技巧

開放水域要游得好,很重要的就是定位能力,不然很容易游歪、繞遠路。通常在比賽現場,我們會尋找岸上較高、較明顯且不會移動的建築當定位點,可能是電塔、大樓、焚化爐山頭等。另外,主辦單位通常會設浮球(肉粽),也可以利用每一顆浮球去定位,這些方法都能減少繞遠路的情形發生。

　　事實上，前述第三點定位技巧在泳渡澎湖灣只能用一半。為什麼呢？比賽日恰逢東北季風即將來臨，出發後，我就發現 5 公里距離真的很遠！一是因為海浪很大，以前我曾在基隆外木山被「海流」打到，所以比賽當下很注意海流，但沒想到這次是被「波浪」擋到，抬頭換氣時，除了工作人員的船隻我什麼也看不到。二是因為開賽沒多久，太陽就從終點方向升起，陽光非常刺眼。三是賽場的定位浮球距離太遠看不到，而從西嶼大菓葉玄武岩至觀音亭，不見任何大型目標物或建築物，雖然多數時間可看到大會貼心準備保護選手的大小船隻、獨木舟和 SUP，可判定自己還在賽道上，但是，船隻其實不是最可靠的目標物，除非那艘船是為了幫你引導而開，否則在海上的船會移動，傻傻跟著很可能會多繞很多路。遇到層層窘境的我，甚至有將近一分鐘完全找不到船隻，這是在比賽前完全沒料到的意外。

　　在大海中失去方向的第一秒一定會緊張，但因為有不少在各種開放水域游泳的經驗，我馬上使用立泳扶著浮標來確認方向，大約在茫茫大海中停了 10 秒，終於看到船隻，才放下心，確認我沒有被海浪帶到漂離賽道。

　　最後剩約 1 公里，我終於看到位於終點的大型目標物－房子和橋，當下心裡好感動！此時雖然身體已開始疲累，但心裡相當安心地、一下一下地滑水回到終點。上岸後，我非常開心自己能達到目標、完成這場堪稱亞洲第二艱難的泳渡賽事，這是我游泳生涯的一個里程碑。後來查看，沒想到原本 5 公里的賽事我卻游了 6 公里多！不過，最終幸運地以 2 小時 29 分 24 秒 27 拿下女子組第二名。

　　無論多困難疲累，我都覺得泳渡澎湖灣是場相當好玩的賽事！幸好我在賽前沒有設定要追求成績，所以參賽過程中，我抱著享受比賽的心情去體驗澎湖的美。當天天氣非常好，藍天白雲，陽光雖然大得刺眼，但不會影響比賽。我還特別游去補給船嘗試各式各樣的補給品，過程中做足了全面性的體驗，賽後才能好好分享，讓大家了解這場比賽的美好！

1. 李詹瑩參賽 2018 泳渡澎湖灣時沒有特別設定目標，但仍摘下女總二佳績

2. 海泳途中沒有任何大型目標物定位

3. 以 2:29:24.27 成績完成 5 公里海泳衝過終點

4. 到最美麗的海灣必玩水上活動，圖為 SUP 立獎衝浪

5. 李詹瑩賽前、賽後都趁機嘗試各種水上活動，圖為寬板滑水

6. 在澎湖當地游泳訓練館中與努力的小選手們交流

▎中斷游泳選手生涯後打開另一扇窗

　　「運動即生活，生活即運動。」從小因為家人很愛運動，我也跟著習慣把運動融入生活中。國小三年級考進游泳隊，因此展開了我的游泳生涯，很幸運在身為游泳選手過程中有獲得不錯的佳績，拿了幾次全國賽第一、連續六次破全國紀錄，也代表台灣前往許多國家參加比賽。

　　在游泳選手時期，為了把游泳練好，我從國中就開始學習瑜珈，高中已考過瑜珈師資培訓，為的是幫助游泳所需的柔軟度與核心肌力。然而好景不常，椎間盤突出中斷了我的游泳選手生涯，也停止瑜伽訓練。不過，「當上帝關了一扇門，必打開另一扇窗」，大學時期泳隊請我去教「EMBA鐵人隊」，他們不服輸、勇於挑戰的精神讓我敬佩，也燃起我想要參賽的欲望。有了第一場鐵人比賽，之後就像上癮一樣，一直比下去。

　　出社會進入科技業之後，除了持續游泳與鐵人賽事，我重拾起學生時期的瑜珈生活。起初只是單純想改變同事們惡性減肥、不知道該怎麼運動的習慣，我每天趁午休帶同事做二十分鐘肌力訓練，看著他們慢慢改變健康習慣，並完成原本視為「不可能」的 3 公里路跑，感到相當有成就感。也因為這份成就感，開啟了我回歸瑜珈教學、把運動興趣當作職業的路。

有第一場鐵人比賽後，就像上癮般一直比下去（圖片來源：IRONMAN）

▎訓練心法

特別為初次挑戰海泳的人分享我日常的訓練計畫。首先，在挑戰海泳前，基本游泳技巧如捷式、蛙式與踩水這三個動作必須先學到夠熟練，接著再把游泳距離拉長，讓耐力提升。

我們練習的地點通常在游泳池，但因應海泳可能發生各種問題或意外，體力會比在泳池內消耗得更快，所以在游泳池練習時要把距離拉長 1.5 至 2 倍。也就是說，如果報名 500 公尺海泳項目，在游泳池就要連續練習 1000 公尺，並且要有一定速度，才可以幫助你體會在海上真實體力消耗的狀況。此外，可以試著到深水池進行練習，體會仿開放水域腳踩不到地的感覺。

「海水的鹹度」也是個很重要的課題！許多沒有嘗試過海泳的人，常會因為不習慣鹹水而發生意外狀況，除了特地選擇到安全海域事前練習之外，最簡單的方式就是在家中拿一個裝滿鹹水的臉盆，將整個臉埋進去，可以體驗到在海中與游泳池的明顯差異。最後，學會自我救生的技能，如立泳、抽筋自解及使用魚雷浮標的方式等，都是保護自己的重要關鍵。

以下分享幾種簡單的課表，請依照自己的能力以及速度做調整。

· 熱身 200M
· 踢腳 50M x 16 趟 ／ 100M x 8 趟
· 姿勢練習 50M x 8 趟
· 主項 200M x 4 x 8 ／ 400M x 1.5 趟
· 憋氣潛水 25M x 6 趟

備賽攻略－泳渡澎湖灣

◆ 能力準備好

5000 公尺海泳不是簡單的運動，參加此距離項目應有一定的開放水域游泳經驗，而且賽前還要做模擬訓練，經驗夠豐富才能應變當下發生狀況。除了經驗，心肺、肌耐力、速度等能力都應具備，才能好好享受比賽。（詳細訓練方法請見 P.127 訓練心法）

◆ 裝備準備好

千萬不能在賽前才換新裝備！裝備是每位選手最基本的要求，當你確定報名時，就應該要開始做準備和適應。

從服裝開始，泳衣泳褲是否為競賽服飾？鬆緊度、舒適度、包覆性是否讓你舒服？防寒衣的厚度和緊度習慣嗎？要避免因為穿上防寒衣產生不必要的問題，賽前就該練習如何穿脫防寒衣，去感受海水中的浮力程度會不會讓你有不安全感、手是否可以自在轉動、腳踢動時有沒有阻礙、胸口會不會因為太緊喘不過氣而胸悶頭暈？如果不需要防寒衣，也可選擇水母衣，但盡量不要直接穿衣服下水，徒增重量、耗費更多力氣。

泳鏡是必需品，千萬別因為耍帥而不戴，泳鏡可以讓選手在水中睜開眼睛看得更清楚，避免海水的刺激所帶來的不適感。如果選擇電鍍泳鏡，更可以減少陽光所帶來的不適，避免對眼睛造成傷害。

魚雷浮標是規定的必備物品，雖然會增加水阻，但保障了安全，當你呼吸不順、體力不支、抽筋或在海上遇到臨時狀況時都可以使用。切記在賽前一定要熟練如何使用魚雷浮標，而且要熟悉到可以馬上反應如何抓取，免得意外發生時抓不到會更令人驚慌。最重要的是，裝備

千萬不要沒使用過就帶去比賽，才能減少突發狀況，將不可控因素降到
最低。

◆ 認識賽道

比賽前，從官網就可以查詢到豐富的賽道資訊，至少要知道如何出發、
哪邊比較可能有海流、哪裡有補給的船…等等，資訊夠多讓心裡有底，
比賽時也更安心。

◆ 照顧好身體、留意警訊

賽道永遠都在，如果身體有任何不適，請儘早做治療，確認沒問題再上
場，免得留下遺憾。

◆ 保持警戒

面對大自然要保持敬畏。海上千變萬化，一定要隨時保持警戒的心，如
有任何不適或無法掌控的情況，請第一時間發出求助，不要逞強。

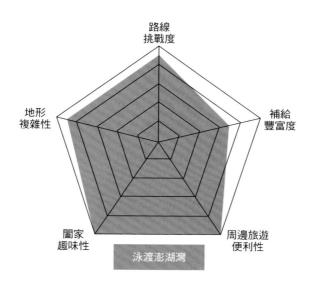

「老」新手的人生
初超鐵與初全馬

整段過程雖然有絕望、想放棄的念頭，
但是通過終點線的那一刻，這一切都值得了

Profile

現職
Waypoint 鐵人工廠 鐵人三項教練
Podcast「TriYang- 鐵人三項」主講者
Podcast「Tri to go 三項玩不完」共同主講者

專業證照
ITU Level 2 國際教練證照
中華民國鐵人三項協會 A 級教練證
教育部體育署鐵人三項教練證（初級）
國家級鐵人三項教練證

教學資歷
2016 年鐵人三項中華台北青年代表隊教練
2019 年鐵人兩項世界沙灘運動會中華台北代表隊教練

主要比賽經歷
2011、2015 年鐵人三項亞洲錦標賽 51.5
中華台北代表隊選手
2012 世界大學鐵人三項錦標賽 51.5

人生初鐵
2008 年 大鵬灣鐵人三項錦標賽 51.5

如果你想挑一場能一次參與 226、113、51.5 與 25.75 公里，以及小鐵人（游泳 350 公尺、自行車 5 公里、跑步 2 公里）、小小鐵人（游泳 100 公尺、划步車 1.2 公里、跑步 800 公尺）的比賽，那你不能錯過全台最多人參與的 Challenge Taiwan，各種鐵人三項距離的賽事集中在一個週末，讓大人比得盡興、小孩玩得開心。而如果要讓身為主辦單位教練的我選擇，要當 Challenge Taiwan 賽事工作人員，或是參加需要超人體力的 226 超級鐵人三項賽？我會說：選手是最幸福的。

Challenge Taiwan 點燃心中的鐵人魂

Challenge Taiwan（以下簡稱 CT）是在全球鐵人三項品牌 Challenge Family 其中的一場賽事，Challenge Family 主要提倡全家人一起參與鐵人三項賽，而台灣的 CT 更是把這個精神貫徹在每一屆賽事中。除了比賽距離多元，游泳場域在適合新手的台東活水湖進行，水質清澈沒有強勁的海浪，降低了初鐵選手畏懼開放水域的難度；單車路段行經台東台 11 海岸線，路線單純，沿海風景讓選手在漫長的單車賽段有了分心的理由，全程美景使疲勞感降低不少。

完成前兩項挑戰，進入路跑賽段繞行台東森林公園，行經鷺鷥湖、琵琶湖、馬亨亨大道，途中最有特色的就是民間社團認養的補給帳篷。要說影響選手成績最大因素，一定是這些社團補給站端出的食物，有鹹豬肉、烤香腸、滷味、泡麵、厚切牛排，怎麼會有人抵擋得了這些美味？鐵人三項賽在路跑賽段能品嚐這麼豐富的美食，也只有在 CT 能體會到。

除了路跑沿途的人情味之外，所有選手最喜歡的就是有如鐵人嘉年華的終點會場。終點位在台東的鐵花新聚落（又名鐵花村），此區改造自台鐵貨倉宿舍，以鐵花路而定名。進終點時，有主持人大聲呼喊每一位選手的名字，因為提倡家庭一同參賽，許多人會牽著自己的另一半或是抱著小孩衝過終點，一同享受這份喜悅。

終點會場備有餐點、賽後運動按摩、小朋友的遊憩攤販，大大小小

的拍照打卡點、各式各樣鐵人三項相關廠商攤位，還有現場歡樂的音樂鼓舞…。許多人打趣說，在終點消耗的時間比完成一場比賽更長！

▌像連續夜唱四天的 CT 工作人員日常

對於 CT 賽事，我比其他選手擁有不同的經驗，就是曾經擔任過多次賽事工作人員。協助每年平均有五千人的 CT，其實前幾年是非常艱辛的。我來簡述一下工作人員的工作內容：大則協助賽事說明會及賽事申訴仲裁，小則騎著摩托車運送各個補給站的水杯。大家可能以為路上的刀旗、告示牌、廣告旗、圍欄都是由廠商或志工搭建，其實，連橋墩上飛舞的 CT 旗幟，都是工作人員一根一根綁上去的。以前辦完比賽回家洗衣服時，常常在口袋發現還有束帶或是剪下來的膠帶。

CT 參賽者應該對於每年賽事有不同的主題和 Slogan 感到非常新鮮，每年都有突破是 CT 賽事組的自我要求。主題從「共好」、「Balance Your Life」、「Never Stop Improving」、「We Have A Deal！」，到「Make Your Own Story」，每年都有一個要呈現的精神。這樣的精神其實不只是隨口喊喊，從每次的平面設計、場地風格到完賽禮，都會隨著主題做些微變化，就是希望每個參賽者都能從中獲得不同的感受。

這種年年不同的改變，對於工作人員來說其實是很痛苦的，因為做習慣順手的事情總是最簡單，但每年都會為了提升前一年沒做好的地方，要忍痛放棄已經習慣的工作方式和流程，從補給站的設置、道路規劃、大鐵人小鐵人各種動線、轉換區的方向…等。參賽者可能只有在擺放器材或是比賽過程中稍微感覺到不一樣，但對於工作人員來說，為了讓參賽者增加新鮮感，每年都是硬著頭皮把每個改變做到盡善盡美。

我協助賽事印象最深刻的一次，是在 226 公里最後一位選手進終點後，時間大約晚上十一點二十五分，先協助終點處把當天該收拾的東西收好，集合分配隔天要做的工作內容，接著重頭戲來了！就是要在晚上十二點開始「佈置小鐵人的轉換區」。聽起來有點錯愕，為什麼要在晚上十二點佈

置轉換區？不能提早先做好嗎？當下我也問了賽事組同事這個問題。因為轉換車架的轉移還有人員安排沒有配合上，所以我們必須在大半夜進行佈置，實際細節做了什麼已想不起來，只記得搞定工作已經是半夜兩點。

大家累得說不出話，也不想說話，但抬頭一看，台東無光害的星空群星閃爍，那畫面說是電腦動畫我都相信。現在我對於當晚的記憶，星空美麗的畫面比辛苦的回憶還要多，我想這是最好的結果！

我常說，去當 CT 賽事工作人員就像是大學生連續夜唱四天一樣，但夜唱結束不是回家睡覺，而是隔天早上還要早起在外工作曬太陽。如果要比累，很多人都會把參加 226 公里比賽和工作人員相比，不知道哪一項比較辛苦？

▌初超鐵＋初全馬 兩個願望一次完成！

2021 年，我終於有機會參加 CT 的 226 公里組。在這場比賽以前，我沒有跑過全程馬拉松，也沒比過 226 公里賽事，參加這場算是一舉兩得，初 226 加初全馬兩個願望一次完成！

斜槓斜到脊椎側彎的賽事準備期

賽事準備期並不容易，因為我是全職的鐵人三項教練，時間和心力大部分專注於幫學員做訓練，剛好多數學員都有參加 CT 賽事，我們的訓練週期規畫很接近，因此訓練量增加的時間點也幾乎一致。鐵人三項是個很注重訓練質和量的運動，如果練得太少，比賽可能沒有足夠力氣能發揮出來；如果過度訓練加上工作繁忙，就很容易感冒，在這之間取得平衡成為我最大的課題。

訓練期間，有時候我完成自己的訓練後趕著為學員授課，時間間隔太短，我就會做出很不好的示範，沒有暖身、沒有收操，有如汽車一發動馬上把油門踩到底，一停車馬上熄火，開車的人都知道這對汽車很傷；同一概念放在訓練上，對身體也很傷。然而時間有限，只好先把學員的課程擺

在前面，我再運用空檔保養自己的身體。

另外，照顧小孩也是我在比賽準備期的一大課題，原本我習慣晚上十點半左右準備休息，但因為孩子作息不穩定，經常讓我超過十二點才睡，但早上仍要早起準備訓練或是教學，導致不能好好恢復，成為我這場比賽的頭痛點。

在鐵人三項賽場上，除了職業的選手以外，誰不是斜槓斜到脊椎側彎呢？每個人都有多重身分，很多選手同時是父親、丈夫、公司的主管、假日運動員。現在的作息雖然不能與學生時期相比，但上場盡力拼搏這點，我還能做得到。

用生命為我加油的 226 公里

到了比賽會場，這是我第一次參加 CT 賽事的個人組別，以往都是參加接力或是擔任工作人員，所以在選手報到的時候格外新鮮，尤其今年是用 App 報到，真是讓我這個「老」新手倍感興奮。

我的學員和公司同事們，不是下場比賽的選手或啦啦隊，就是擔任賽道上的工作人員，所以整個比賽過程沒有讓我喘息的時候。當我游泳完成第一圈要進行第二圈時，在水裡就能聽到岸上加油團嘶吼的聲音，那音量連我在水裡換氣都聽得到，游泳上岸時夾道的加油聲量，更是我在以往比賽從沒聽過的力道。

除了觀眾以外，賽道上的志工更是一絕。為什麼說是「一絕」？因為我還沒到達補水站，就可以聽見他們以宏亮的聲音在為我加油，而且不只有我聽到而已，賽後有人特別錄影下來，說明這群志工真的是敬業到不行！

其實 CT 賽事會這麼讓人喜歡，每一位在背後付出的人都是非常重要的，我特別記得進行到單車賽段第二圈折返（單車 135 公里）時，開始感受到訓練量準備不足的後座力，這個距離是我比賽從沒到達過的里程，因此速度下滑，到完成單車時幾乎是氣力放盡。不過，我在結束單車賽段時

是總排第四名,所以說什麼也要咬緊牙關拼一下跑步,況且跑步是我接觸鐵人三項之前的敲門磚。

前 21 公里都算順利在自己預期的速度上,但好景不常,鐵人三項比賽是特別講究訓練量是否充足的,跑著跑著我開始走了起來,可是不走還好,速度放慢就會看到路跑賽段各個社團補給站準備得跟國宴一樣豐盛,差點都想坐下來喝碗貢丸湯。難怪有人說「在 CT 226 的路跑成績都會退步」,因為補給站實在太誘人了!

最終我以 10 小時 26 分完成人生初 226 加初全馬,在進入終點後,等待我的是太太和小孩,這是我第一次瞭解到為什麼大家喜歡參加 CT 賽事,因為在終點有一個親人等待你回來,像是出航的船歷經驚濤駭浪回到港口看到家人,那種感動將深深刻在心裡。雖然整段過程有絕望、有想放棄的念頭,但通過終點線的那一刻,這一切都值得了。

回到前面的問題,如果再給我選擇一次,想當工作人員或是參加 226 鐵人三項賽?我會說,選手是最幸福的,即使花十幾小時跑得肌肉痠痛、鐵腿、鐵手、鐵腰,還是比不上工作人員連續四天日夜的辛勞。

1. CT 賽事結束後施放煙火，工作人員們在終點線旁一起慶祝
2. 長距離比賽需要先練習單手控車接水壺（圖片來源：攝影師 Bill Yang）
3. 楊志祥在 2021 CT 成功挑戰初 226 與初全馬，開心越過終點線
4. 游泳上岸時夾道加油聲不斷

1. 楊志祥通過終點線時，老婆抱著兒子一起來迎接

2. 兒子成為備賽訓練期間甜蜜的負擔

3. 以 10 小時 26 分鐘完賽並獲得總排第五名，賽後與主辦單位鐵人工廠負責人 Jovi、吳冠融與林群馨等奪牌選手合影

▌科班生參加人生初鐵以後⋯

2008 年，我參與人生初鐵「大鵬灣鐵人三項賽」，從一位只會游蛙式的高中生，到入選世界大學鐵人三項錦標賽，成為國家隊的一員。似乎從初鐵以後，訓練、教學、撰寫鐵人三項裝備書籍⋯我的主要工作和生活全都圍繞著鐵人三項，與這個複雜又有趣的運動密不可分。

我算是個標準的體育人，從高中進入體育班田徑隊，大學選擇台北體院（現改名為台北市立大學）的水上運動學系，到攻讀體育研究所運動科學組，並服役於體育替代役。出社會後，第一份工作就是全職的鐵人三項教練，並以選手身份參與過鐵人三項亞洲錦標賽、世界大學鐵人三項錦標賽、取得兩次 IRONMAN 70.3 世界錦標賽資格，擔任鐵人三項亞洲錦標賽及世界沙灘運動會中華台北代表隊教練。

不論是參賽成績或是帶隊資歷，總是被冠上「科班生、體制內」的選手及教練身份，但真的出社會後，執教於許多分齡的運動員，才知道以前我認識的「鐵人三項」僅僅是我從選手身份所見到的。

出社會接觸到不同族群的鐵人三項參與者，從選手走向幕後舉辦賽會的工作人員，身份的不同轉變就等於不同的經歷和衝擊，因此了解到，鐵人三項涵蓋的範圍原來是如此廣闊，也是讓人如此著迷的原因，更是我想要用盡一生追尋的理想運動！

備賽攻略— Challenge Taiwan

◆ 長距離的鐵人選手在比賽前三到六週,可模擬自己參賽組別預計開始的時間做訓練。例如游泳項目是在早上六、七點開賽,訓練游泳的時間就可以提早到此時;同理,單車和跑步的訓練時間可依照自己能力去預估各項目開始時間,並在這個預估時間點進行訓練。

這個方式目的是讓身體習慣在正式比賽的時間運動。假如你平常都在很早、很涼爽時練跑,但比賽日騎完單車是中午十一至十二點,跑起來的感受就會跟平時訓練相當不同。要注意的是,這樣的訓練在比賽前三到六週進行即可,不要到了接近比賽日期才做,否則身體可能會過於勞累。

◆ CT 的游泳項目是集體出發,同一組別的選手會一起出發,如果不是游泳強項,可能會和其他選手發生近身肉搏戰。建議在泳池訓練時特別安排一次挑選人比較多的水道,在中間做超越人的動作,這樣可模擬比賽中與人游在一起的距離感,但記得注意泳池訓練的安全性。

◆ 泳鏡的選擇上,建議準備兩隻泳鏡,因為台東活水湖游泳出發時面向東邊,可能會面臨陽光刺眼的問題。可準備一支較深色鍍膜的泳鏡遮擋太陽,另一支則是較透明的泳鏡,透明泳鏡用於下雨或陰天時方便定位。

◆ 單車項目可以在賽前多訓練單手控車接水壺,因為長距離比賽需要透過大會補給站來補充自己的運動飲料或水,在訓練時熟悉單手控車拿水壺,能省下停車拿水壺的時間,也能增加比賽中拿水壺的穩定性,降低危險發生。

◆ 如果是賽事老手,單車輪組裝備建議可以用板高較高的輪組參賽,雖

然賽道有些高低起伏，但台東的賽段屬於微丘陵，利用高板高的輪組有助於維持速度。如果再搭配計時車的車款，能讓成績更上一層樓。要注意的是，一切器材選擇與適應必須在比賽前一個月就定位，切勿在比賽前一刻更換器材，以免適應不良，影響表現。

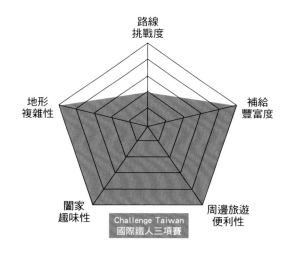

▎訓練心法

「忙碌」是每個鐵人的致命傷，但無論如何，我至少會盡量讓三餐時間規律，因為身體對於食物吸收的時間如果固定，對於整天的精神和訓練的能量狀態也會比較穩定。

如果為了工作、出差，沒有辦法空出時間做訓練，此時可以多加強伸展和按摩放鬆，尤其是利用洗完澡身體還熱的時候進行。因為肌肉不只是靠訓練後的痠痛讓它進步，適當的放鬆和伸展，也有助於日後訓練時呈現更好的狀態。

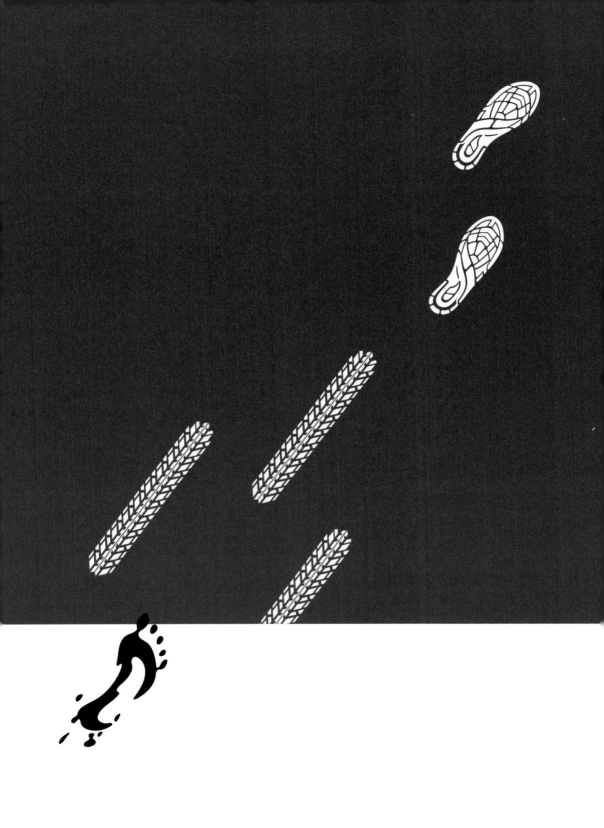

T2

甜蜜的試煉

棄賽比報名參加
更需要勇氣

一次的棄賽不代表失敗，不表示一切汗水與經歷白費了，
那些都在，都刻印在我的記憶裡、我的身體裡、我的心裡

2016 台東超級鐵人三項賽

姚黛瑋
Debbie

09

Profile

現職
藝人、身心整合課程帶領老師

人生初鐵
2016 Challenge Taiwan 國際鐵人三項競賽 113

主要比賽經歷
2016 Challenge Taiwan
國際鐵人三項競賽 113 分組第四

永遠都會記得，2012 年第一次被騙去參加宜蘭冬山河鐵人三項接力賽，連腳踏車都不會換檔的糗事；也不會忘記，2013 年還不會游泳的我緊抱著魚雷浮標，在梅花湖裡腳踢到軟爛泥巴的驚恐感；更忘不掉的是，2015 年台東普悠瑪 51.5，排在倒數幾名的我在路跑賽段，一邊跑，裁判在旁邊騎著摩托車一路跟著，還不忘跟補給站的人大喊：「你們知道她是誰嗎？姚黛瑋耶！」（昏倒）。最榮耀的是 2016 年 Challenge Taiwan 國際鐵人三項競賽（以下稱 CT）113，以分組第四名成績站上台領獎牌。但從來沒想過，最難忘的一場鐵人三項比賽，竟然是沒能親自下場的「2016 台東超級鐵人三項賽」。

致未能下場的賽事

2016 年 5 月 CT 的 113，我以分組第四名成績拿到世界錦標賽的資格，也已完成 12 月在斯洛伐克的世界錦標賽報名，那時正是自己體能狀態與鐵人三項參賽的巔峰期。於是當年 7 月，運動員出身的劉至翰邀請我參與實境秀節目「鐵人瘋」的拍攝，計劃和馬國畢、王湘瑩等其他六位藝人，以三個月時間住在都蘭，每天照表操課集訓，準備參加 10 月台東超級鐵人三項的比賽。我非常興奮地答應，心想能將自己喜愛的工作與興趣結合，又可以為 12 月世錦賽做預備訓練，真是再開心也不過了！

「鐵人瘋」砍掉重練

當初報名 CT 時，其實很猶豫要報 51.5 或是 113 組別，畢竟個人 51.5 我沒完賽過，友人又推坑說 113 比較容易完賽（每次推坑都用騙的），所以在準備 CT 的課表上，我的教練一直是用 51.5 公里的目標設定來做體能訓練。能夠完賽實屬僥倖，因為連教練都以為我報名 51.5，自然完賽成績不會漂亮，關門前才爬回終點。也因此，自己為 10 月的賽事設下目標，希望個人成績再進步一些，至少要開心輕鬆完賽。

「鐵人瘋」節目從七到十月這三個月的訓練期間，並不是只有拍攝時才做訓練，而是由前鐵人國手郭修森教練制定一個十四周課表，八週基礎期（週運動 9-11 小時）、五週進展期（週運動 13-15 小時），以及最後一

週的調整期，只要我們在訓練就會拍攝。

從心率區間、FTP 等基礎測試，到訓練的一切砍掉重練，跟我之前憑意志力亂玩的方式完全不同，而這期間我在台北還有網路電台節目的錄製與舞台劇排練等演藝工作，必須台北、台東不斷來回奔波。現在回想起來，當時一直提醒自己不要被緊湊的課表與行程嚇到，確實非常重要，就是盡量讓自己聚焦在現在，不去後悔過去表現，也不擔憂未來情況，在當下狀態中一步一步累積下去。這種感覺讓人很舒服，我也十分享受整個過程。

不過，訓練當然不僅只於「舒服」，在訓練時總是有一群人、兩三個鏡頭加上運動攝影機，隨時在身邊錄影拍攝，自己基於好勝心，自然會比自主訓練時更無法怠惰，一定要把課表練習完成。所以每次訓練後晚上的放鬆伸展顯得更重要，那時台東市區的按摩館都變成我最好的朋友！

在十二週非常縝密精心計劃的訓練下，我已經完成一次 113 的模擬賽，也越來越熟悉在活水湖中的水感，踩自行車至八嗡嗡的路線來回 90 公里更是輕而易舉，這時我的體能與心理狀態要應付 10 月 15 日正式上場的台東超級鐵人三項賽，可說是把握十足。

噴淚面對人生第一次棄賽

除了忙碌的演藝工作之外，我也正在拿國外心理諮商證照的過程中，所以在賽前 10 月 1 至 6 日，我必須到中國大陸深圳實習團體治療（是還不夠忙嗎？！）在深圳時自己十分認真地自主訓練，早上上課前先跑 10 公里，中午三小時午休會到山腳下的小海灣練習游泳，這樣有強度的持續訓練已變成日常，每天不動一下就不太習慣。

10 月 4 日下午，在團體中處理一名個案時，因為大家席地而坐，個案躺在中間，我必須和個案保持一定距離的對話又不能太遠。當我彎下腰用右手肘撐著地板時，非常清楚聽到肩頸部位傳來像是擠壓的聲音，但因為專心投入在個案，我就用這樣的姿勢工作了至少二十分鐘。結束時，我感到右手臂麻麻的，以為是姿勢維持太久導致血液不流通，不以為意。

5 日早上起床，右背仍有怪感，我以為是肌肉拉傷，中午依然到山下小海灣游泳，下午吞了止痛藥繼續工作。6 日晚上回到台北後，我立即約了家庭醫師隔天做治療，希望能夠放鬆肩膀的肌肉。8 日我飛到台東回選手村報到，但是肩膀的疼痛未曾消減，已經惡化成不能低頭和聳肩，痛到後來連走路微震也會痛，整條右臂像是神經壓迫的麻痛，甚至痛到無法躺下，晚上必須坐著睡覺，只能一直靠吞肌肉鬆弛劑加止痛藥入睡。

此時，距離開賽只剩一星期，所以我週一又回到台北治療，但錯誤的是，聽朋友介紹找了從沒去過的民俗療法，因為我依然以為只是肌肉拉傷。這個錯誤決定，導致隔天我躺在家裡地板上休息，竟然麻痛到完全動不了！當下心裡真是無比恐慌，我只能緩緩地，每一步都痛徹心扉地朝電話移動，花了近十分鐘，好不容易拿到電話播給姊姊求救，請她載我去醫院急診。等姊姊來到我家，我依然只能躺在原地動彈不得。

就醫照 X 光，骨科名醫一看，宣布我是頸椎椎間盤突出。在此之前我沒聽過這種疾病，也不知道嚴重性，所以當時還跟醫師討價還價，說我週六 10 月 15 日要比賽，可不可以打個類固醇或是可體松什麼的，讓我能撐過比賽即可，反正過去在工作上有好幾次也是靠打針、吃藥與意志力硬撐過關。

然而，當醫師開始跟我解釋椎間盤突出的狀況後，我越聽臉色越凝重，但繼續不放棄問醫師可以下場但只游泳嗎？醫生很嚴肅、斬釘截鐵地對我說「絕對不行！」此時不誇張，我的眼淚完全用噴得出來。

這三個月的一切訓練與辛苦全白費了！自己默默吞下也就算了，問題是我還要在實境秀裡面對鏡頭、面對教練與團隊，這對我來說是一項很難的課題。我從小到大一直是好強、好勝、好面子，不管如何場面一定要維持住的人，很少放棄與失敗，因為我都可以撐得過去，所以沒有很多經驗累積去面對與習慣承認錯誤。這是我人生中第一次棄賽，對我而言太陌生，我要怎樣去面對自己的失誤，並向所有人宣布棄賽…

賽道永遠都在！

10 月 13 日週四晚上，當我回到台東，所有人都聚在都蘭糖廠門口新開的一家餐廳等我帶回來的消息，燈光一打，鏡頭一開後，我還未開口眼淚就掉了下來…氣氛頓時僵住，大家應該也猜到七七八八了。我吞吞吐吐邊哭邊跟大家宣布無法下場的消息，除了愧疚面子掛不住外，我開始怪天怪地、全盤地否認自己，我過不了自己這一關，但最大的情緒卻是對自己的憤怒。

我氣自己為什麼這麼不小心？讓一個小小動作造成這麼大的傷害。我氣自己為什麼在幫助別人時忘了保護自己？我氣自己為什麼第一時間沒有找正確的管道治療？選擇去所謂非常靈驗的「神醫」而拖延了黃金治療期。我不能原諒我自己。

這時反而是身兼製作人的劉至翰和一起接受訓練的大家開始安慰我。一片混亂中，只記得不知道誰說了一句「賽道永遠都在！」後來我的心情才慢慢平復下來。

比賽當天，我還是穿著為這場比賽特製的「鐵人瘋」三鐵服，跟大家到場一起進行拍攝與加油，面對其他第一次參賽的藝人與攝影鏡頭，我必須放下自己的心情與病痛，為他們全神貫注地加油。鐵人三項就是這麼迷人，就算沒下場，只能在場邊加油，你還是會被賽場氛圍影響到腎上腺素飆升，整個人 High 到不行！所以在鏡頭上與現場，沒幾個人看得出我的整條右手臂依然痠麻不已，甚至自己也暫時忘記了病痛。

當看到王湘瑩、馬國畢等人完成生平第一次 51.5 奔進終點時，我的眼淚再次湧現。我們這幾位在演藝圈也許被定位似乎沒希望的魯蛇，也能憑著自己的努力與堅持，完成一項對自己的承諾與挑戰。看見他們奔進終點，我好像也看見自己奔進終點！因為這三個月來，我們吃喝拉撒睡與訓練都在一起，他們的完賽就是我努力過的證明。

　　我也開始明白運動的真諦：雖然最後沒有下場，一次的棄賽不代表失敗，不表示一切汗水與經歷白費了。那些都在，都刻印在我的記憶裡、我的身體裡、我的心裡。

　　寫這篇文章時，我開始回溯自己的運動經歷，不到十年時間，我累積了大大小小不同的賽事中，最喜歡在完成人生第一次 113 比賽後寫給自己的話，謹跟大家分享：

　　我沒有身材、我沒有美貌、我沒有體力、更沒毅力
　　我很有年紀、我很有重量、我很有酒量、更有膽量
　　但我相信
　　Live with passion
　　Be present
　　Enjoy the moment
　　Step by step
　　You will get there anyway ！

　　謹記人生初 113 鐵人三項
　　By Debbie 姚黛瑋

1. 在 2016 年 Challenge Taiwan 國際鐵
   人三項競賽，姚黛瑋以初 113 半超鐵
   選手之姿拿下分組第四名，並站上台
   領獎牌
2. 開心衝過人生初 113 的終點線（圖片
   來源：運動筆記）
3. 完成 113 衝線後感動跪地哭泣

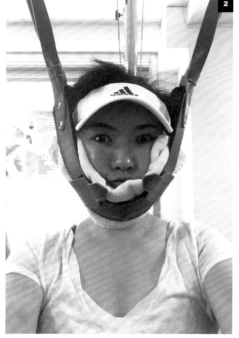

1. 「鐵人瘋」節目三個月受訓期間，團員們無論吃喝拉撒睡與訓練都在一起
2. 賽前意外受傷導致頸椎椎間盤突出，接受治療緩解
3. 穿上為了比賽特製的鐵人瘋三鐵服
4. 姚黛瑋在賽道上為團長劉至翰加油
5. 鐵人瘋節目團員們在台東都蘭的住所前開心合影
6. 未下場的鐵人瘋團員們陪伴參加初鐵的團員跑最後一程
7. 姚黛瑋與總教練郭修森（右後一）一起為下場參賽的鐵人瘋團員加油

▌揮別惡性減肥 遇詐騙集團被推坑進三鐵

四十六歲以前的我從來不運動，因為在演藝工作領域裡，曬黑及滿身肌肉從來不是美的標準。所以從十八歲以歌手身份進入演藝圈之後，我一直為了工作需要，用惡性減肥的方式維持身材。舉凡挨餓、吃代餐、催吐、使用藥物、耳針、埋線、擦燃脂霜、甚至手指綁繃帶…你能說出的我幾乎都嘗試過！ 也因為如此的惡性減肥，導致我長期有情緒低落的症狀，後來在 2005 年變成輕微憂鬱症，吃了三年的抗憂鬱藥物之後才回復健康。

即便當時的醫師建議我要多曬太陽、多運動，我為了工作依然不為所動。直到 2011 年，我以能當同班同學的媽之高齡（事實上確實有同班同學的媽是我高中同學），回到學校重拾書本做大學生，感謝大二時的轉學生阿男，她是個游泳教練，當時我只是好奇問她可不可以教我游泳？從此被推坑進入運動的世界……她根本就是詐騙集團！

從 2012 年 4 月一場路跑的 3 公里組開始（請各位請注意她的話術）：「喔～很簡單！就從市政府到安和路來回走一趟而已…」事實上我跑著跑著快看到祖先。接著每月一路跑，到了 6 月她漫不經心地問我有沒有腳踏車，我說有一台登山車要幹嘛？她很隨意地回答：「喔～在宜蘭有個好玩有趣的鐵人三項接力，我們缺一台腳踏車，想說你可不可以幫忙一下？」我還是傻傻地問（可惡）很難嗎？因為我還不太會換檔。她回答：「喔～就繞兩圈沒有坡都平路…就好了！」於是，2012 那年，我常常都快見到歷代祖先。

不過她那次沒騙我，真的好玩！從接力開始，我每年都會參加至少一到兩次的鐵人三項賽事，從接力到兩項再到個人完賽，我想已回不去了！

▌訓練心法

我從 2012 年開始運動，當時的年紀起步已經算很晚。起初只是純粹好玩，有朋友揪團練和各種路跑、騎車挑戰賽甚或長泳幾乎都報名。漸漸地，我也會參加一些運動品牌開的跑步班、游泳訓練營，但對於各項賽事仍完全沒策略、沒計畫，全憑意志力完賽。直到 2015 年陸續參加個人 51.5 賽事卻屢屢被關門，拿了三面殘念獎牌，我開始認真考慮是否需要訓練方法與所謂「吃課表」，因為發現我這個年齡層的人，運動不能只靠意志力與蠻力，是要靠技巧與耐力。

在劉至翰的介紹下，我在 2015 年 7 月加入專業的鐵人訓練健身房，從肌力、游泳、騎室內功率訓練加上跑步，都針對個人量身訂作，同時進行一對一教學，砍掉重練。雖然預算上有些負擔，但是個人認為這樣的投資不管在身理與心理上都是值得的。而這樣的訓練方法，也讓我在 2016 年 5 月的 Challenge Taiwan 113 組可以完賽，甚至得到分組第四的成績。

之後因為頸椎椎間盤凸出的問題，我一對一的訓練量減少，但仍然盡量維持一週運動三次，其中一次是對我很重要的團練，因為規律團練真的會進步很快，而且我非常喜歡大家一起動起來的感覺。

近兩年，因為面臨更年期，我在體力、情緒及運動表現上都有明顯的影響。更年期對女性而言是全新人生階段的開始，所以在訓練上也和教練討論甚至暫停，還加入西醫（個人十分推薦「婦女身心醫學門診」）與中醫調理，專門針對更年期稍做調整，讓自己的身心處於舒適的狀態下，再重新開始做訓練。在心態上，轉為以「玩賽」態度面對每場賽事。

不禁感嘆，為什麼都沒有姐姐們分享過更年期的因應？真是千金難買早知道啊！還是⋯沒有這年紀還在玩鐵人三項的女瘋子呢？（聳肩攤手）

備賽攻略－台東超級鐵人三項賽

◆ 「鐵人瘋」基礎期訓練課表

	週一	週二	週三	週四	週五	週六	週日
上午		跑		跑			騎
中午	游測驗		游	游	休息	游	
下午	跑測驗	騎測驗	體能訓練	騎		體能訓練	休息
晚上	按摩伸展	各別補強＆按摩伸展	按摩伸展	按摩伸展		各別補強＆按摩伸展	

2016/8/8-14，週運動時數：約 9-10 小時

週一中午／游泳測驗：單次距離測驗自由式不落地
週一下午／跑步測驗：1600 公尺測驗、測驗前後暖身＆收操、複習上週
　　　　　　　　　核心動作
週二上午／跑：30 分鐘輕鬆跑（心跳區間 E）
週二下午／騎：訓練台測驗 10K
週三中午／游：動作技術練習（踢水 10 分鐘、划手 10 分鐘、換氣 15 分
　　　　　　　鐘、自由式踢水划手換氣配合 10 分鐘）
週三下午／器材體能訓練與核心啟動
週四上午／跑：男－ 55 分鐘變速跑。前 45 分 E 配速，後 10 分 M 配速
　　　　　　　女－ 40 分鐘變速跑。前 35 分 E 配速，後 5 分 M 配速
週四中午／游：113 選手總距離約 2200 公尺
週四下午／騎：基本控車技巧訓練
週六中午／游：113 選手總距離約 2200 公尺
週六下午／器材體能訓練與核心啟動
週日上午／騎：113 選手－ 120 分鐘有氧騎。E 強度
　　　　　　　51.5 選手－ 75 分鐘有氧騎。E 強度
　　　　　　　騎畢，全部人換鞋慢跑 5 分鐘（非常輕鬆跑，讓肌肉轉換）

◆「鐵人瘋」進展期訓練課表

	週一	週二	週三	週四	週五	週六	週日
上午	三項 模擬賽	游	體能訓練		休息		騎
中午				游		游	
下午		跑	騎＋跑	跑		跑	
晚上	按摩伸展		按摩伸展	按摩伸展		各別補強	

2016/9/19-25，週運動時數：約 13-15 小時

週一／三項模擬賽：113 選手－游 1900 公尺、騎 90 公里、跑 21 公里

週二上午／游：姿勢調整、開放水域適應

週二下午／跑：30 分鐘輕鬆慢跑＆散步（動態恢復）

週三中午／核心啟動、跑斜坡、滾筒放鬆

週三下午／騎＋跑：肌肉轉換訓練（8 分鐘自行車＋ 5 分鐘跑 x 4 趟）

- 每趟中間動態休息 7 分鐘（緩騎）
- 讓心跳達到 T 區間以上（速度加快讓心跳上去）

週四上午／游：113 選手總距離約 2600 公尺

週四下午／跑：113 選手主課表－ 3000 公尺 x 3 趟（心跳區間 T 的下限）

51.5 選手主課表－ 3000 公尺 x 2 趟（心跳區間 T 的下限）

- 休息：跑的時間為 1：2，例如 3000 公尺跑 15 分，就休 7 分 30 秒

週六上午／游：113 選手總距離約 2600 公尺

週六下午／跑：113 選手 80 分鐘變速跑（30 分鐘心跳區間 E+ 10 分鐘心跳區間 M x 2 趟）

週日上午／騎：4.5 小時有氧騎（心跳區間 E 或 M，轉速在 80-90 間）

（此訓練課表為鐵人瘋總教練郭修森設計）

（圖片來源：don1don）

輸贏之間找回
眼神發光的自己

比賽不只輸贏，該如何正確面對失敗與挫折、
怎麼去欣賞優秀的競爭對手，才是重點

Profile

現職
鐵人三項現役選手
鐵人私塾游泳教練
丸鐵自行車功率教練

選手資歷
2018 巨港亞運培訓選手
2019 亞洲鐵人三項錦標賽國手（韓國）
2020 東京奧運奧運儲訓選手
2018-2020 多次入選亞洲盃、世界盃巡迴賽國手

人生初鐵
2015 宜蘭梅花湖全國鐵人三項錦標賽半鐵

主要比賽經歷
2018 雅加達亞洲運動會個人賽 標鐵菁英組 第八名
2019 韓國慶州鐵人三項亞錦賽 標鐵菁英組 第十一名
2019 日本東京奧運測試賽 標鐵菁英組 第五十一名
2019 全國運動會女子個人 標鐵菁英組 第三名
2020 泰國羅勇亞洲盃鐵人三項賽半鐵 第一名
2020 IRONMAN 70.3 第一名
2020 台灣自行車登山王挑戰 第一名
2020 Challege Taiwan 113 第一名

常有人問我：「投入鐵人三項運動是為了什麼？」我想，除了享受運動樂趣、挑戰自己，成為一名鐵人，也深深改變了我的個性與家庭關係。

不過，人生第一次接觸三鐵，家人們全部都投下反對票，因為他們認為練三鐵要游泳、騎車、跑步樣樣來，再加上聽說單車與跑步受傷的機率比游泳高，一直都不贊成我練鐵人三項運動。但自從開始接觸三鐵，我的眼神時常在發光！因為必須走出戶外練車、跑步，有更多機會欣賞風景、接觸大自然，並結交許多同樣熱愛運動的朋友。有伴一起練習，動力與熱情都是滿滿的，而我本身也變得更樂觀、更活潑外向。

梅花湖初鐵後　家人從反對轉為支持

我的人生初鐵「2015 宜蘭梅花湖全國鐵人三項錦標賽」半程賽，就在一股初生之犢不畏虎的熱情下開始了。台灣最適合初鐵選手參賽的場地中，宜蘭梅花湖絕對是首選之一！在平靜無波的湖泊中游泳、湖周邊平坦單一的自行車路線、還有樹蔭涼爽的環湖路跑，賽道難度不高，非常適合新手入門初體驗，使賽事成為台灣眾多鐵人的初鐵首選，而我也是其中一員。

賽事雖然如此親民，但比賽當下我仍常常出現「快不行又可行」、內心天使與魔鬼交戰的兩難困境，此時會透過與自我對話、鼓舞，尋找身心靈上繼續堅持下去的各種可能性。當通過終點的那一刻，發現原來自己的潛力無可限量，也成功為運動生涯解鎖一項殊榮。雖然最終我只獲得沒有獎牌的第五名，但在心中已獲得了滿滿能量，也種下了我進入鐵人三項領域的一顆小種子，並且逐漸萌芽。

鐵人三項賽讓我更能感受到和人的互動，很享受比賽過程。比完梅花湖初鐵，家人看到我對這項運動的熱忱與個性上的改變，才慢慢將反對的聲音轉為支持。

我認為人的潛力像黑洞一樣沒有止盡，相信為了目標、熱忱而努力堅持，終究會達成夢想。也因此，有了第一場梅花湖初鐵，就會有第二場、

第三場，目標也放得更遠，期許自己能夠在國內成為頂尖選手。所以，我把目標放在國內最大的賽事 — 全運會。

▎帶傷爭取全運會資格

在 2017 年的愛河全運會選拔賽中，我落選了，當下的我對自己感到特別失望、挫折，並且難過不已。當時教練對我說：「沒有人能夠持續站在高峰，有高就有低！重點是，你要如何調整與穩定自己，等待著下一個高峰的到來。」這成為我直到現在都放在心裡的一句話，不斷激勵著現階段的自己。

實現兩年後的承諾

落選後，我對自己許下承諾，兩年後的選拔無論遇到任何困難都要克服、突破，必定要拿下資格，參加全運會。也因為這個承諾，我對自己更負責、更努力，也變得更堅強，這次的失敗成為了我很大的動力。

事隔兩年，實現諾言的時刻終於到來了！「高雄愛河國際鐵人三項競賽」是國內非常罕見的城市繞圈賽，參加的選手要先在愛河游 1.5 公里，再騎自行車繞著愛河及美術館周邊道路 40 公里，最後沿愛河河畔路跑 10 公里進入終點。

天不如人願，在比賽前一個禮拜，我因為過度疲勞導致腳踝受傷，連走路時腳踝都會刺痛。可想而知，跑步就更不用說了。

受傷後，家人希望我放棄這場比賽，勸我身體健康才是最重要的。我認同，但我有我的堅持。我對家人說：「我一定要完成比賽、拿到資格，不然我一定會後悔！」於是賽前積極治療、復健，就是為了在比賽能把疼痛降到最低，讓我好好發揮、完成比賽，拿下全運會門票。

沒有什麼事情你熬不過的！

鳴槍開賽前，我吃止痛藥、貼肌貼，熱身時使用彈力帶以及原地做一

些髖部活動,讓身體熱起來,避免腳踝在未開賽前就先受到衝擊,能預防的都做了,最後只能順其自然,心想哪怕最終完成不了,都要為自己的承諾堅持到最後一刻!

游泳項目一開賽,一群人爭先恐後跳入水中,我也不遑多讓,趕緊加快划頻衝刺逃離可怕的人群,以免被波及,打亂了自己的節奏。愛河的水溫每一段都變化很大,有時候感覺溫溫的,有些地方又非常冷,幸好水溫的變化對我影響不大,讓我能維持良好狀態,保持在第一集團上岸。

上岸後,我必須從游泳下水處河西路畔,跑到第一轉換區河濱國小操場牽自行車,這一小段路我卻步步艱辛,每一步踏到地板,就像數根針刺入了腳踝一般痛苦。我沒哭!但眼淚不自覺從眼睛不斷地流了出來。我一直對自己信心喊話:「堅持下去,沒什麼事情你熬不過的,你可以的!」就這樣一把鼻涕,一把眼淚地出轉換區,開始自行車賽段。

戴著墨鏡邊跑邊流淚

自行車賽道以多彎道提高賽事難度,整場路段除了好幾十個急彎以及多個 180 度 U-turn,還有橋跟地下道,加上大會規定可開放集團跟車,對於選手的耐力及爆發力是相當大的挑戰。這也是國內標準距離鐵人三項賽中較特別的比賽,很接近國際賽事的路線規畫。

每一個轉彎都是一個挑戰,要小心過彎之外,還要趕緊加速,跟上集團的速度。對於腳踝受傷的我,不能起身抽車、瞬間加速,使我的股四頭肌負擔特別大、特別疲勞,但最後還是完成了自行車項目。

終於撐到最後一刻,下車從轉換區跑出來,迎接最後的路跑項目。此時腳傷的疼痛感越來越嚴重,也只能死命咬牙含淚奔跑,幸虧我戴著墨鏡,不然邊跑邊流淚實在太醒目了。

看到終點的那一剎那,我終於展開笑容,守下了我對自己的承諾,拿到全運會資格!

然而，完賽後我仍然得為這次魯莽的行為付出代價，我的腳完全不能接觸到地面，在家裡用爬的，在外頭用單腳跳，像個殘廢一樣行走不便，接近半年的時間才完全康復。

爸爸在路旁默默陪跑

賽後我才知道，在我摘下全運會資格同時，卻傷了家人的心，每一步痛在我腳，疼在我爸的心。爸爸一直在路旁默默擔憂著我的腳傷，看到我咬牙含著眼淚，離開轉換區奮力往前邁進時，爸爸再也無法按耐住情緒，陪我跑了一長段路，想叫我不要再繼續下去了，深怕我承受不了。

有這麼一個疼愛我的爸爸，心裡是暖的。但每次想到爸爸看著心愛的女兒，也就是我，不聽勸、忍著痛，堅持非要完賽不可，自己卻不能做什麼，心有如刀割一樣，我就相當自責難受。而每當提起這一段回憶，都讓我不禁流下感動又不捨的眼淚。

我的個性好強，不輕言放棄，每次訓練還會自我補強原本的課表，給自己很大的運動量，且總是求好心切、操之過急，導致身體無法負荷，最後受了傷還得打掉重練，簡直是賠了夫人又折兵。

不知從何時開始，原本因為享受比賽過程而熱愛三鐵的我，後來把成績、名利、自我期待看得比什麼都重，使自己喘不過氣、身心疲倦。不斷給自己龐大的壓力與期望，有如石頭般沉重的負擔，又不顧自己身體是否能承受，導致無止盡的受傷，就這樣一直不斷累積著對自己的傷害。

這次教訓讓我成長了許多，開始懂得傾聽自己身體的聲音、適時休息，也終於了解到，少了健康，所有名利、家庭、快樂都是水中花、鏡中月。沒有一個健康的身體，就等於沒有人生的一切。

163

人生初 113 解鎖　體驗純粹的美好

　　腳踝受傷隔年，我在 2020 IRONMAN 70.3 Taiwan 完成了人生第一場 113 半超鐵。這年因為疫情關係，沒辦法出國參賽拿積分，所以在國內訓練之餘，也嘗試參加不同性質的賽事，一方面當作訓練，另外一方面也是挑戰自己。曾經很嚮往 113 公里長距離項目的賽事，而剛好因為疫情有機會去嘗試，讓我既期待又充滿鬥志。

　　參加這場比賽，不是為了獲得什麼，也沒有一定要拼名次、拿到資格，只是想挑戰自己、突破自己，並且享受在比賽當中，找回我當初第一次愛上鐵人的初衷。

　　2020 IRONMAN 70.3 從台東森林公園裡開始，北鄰有一處長條狀的人工湖泊，宛如一個超大的游泳池，名叫「活水湖」，站在那兒仰望蔚藍天空、欣賞綠地湖泊，像一幅畫般美麗動人，讓人心曠神怡也難以忘懷。而這裡就是我們游泳項目的賽道。

　　游泳 1.9 公里上岸後，沿台 11 線及台 9 線開始 90 公里自行車項目。自行車賽段接近全程封路，堪稱全台鐵人賽最速賽道，最適合來挑戰自己的速度極限。

　　我為了 90 公里的獨騎，跟昇陽公司借了一台三鐵車 ARGON18。這是我第一次騎乘三鐵車比賽，趴在休息把上風阻減少很多，每一腳紮紮實實地踩踏著，隨著速度提升，操控感仍非常穩定，而這種「人車合一」的感覺也讓我越騎越過癮。對我來說，騎自行車是一件非常享受的事，我會心情愉快地想一直騎下去，而我只要腦海中浮現自己騎著那台車的模樣，就會繼續保持喜歡與愉悅的心情。

　　最後一項 21 公里路跑，在美麗的台東森林公園進行。我按照著自己的節奏，邊跑邊享受在森林公園散發的自然氣息、鳥語花香，多麼愜意的環境呀！我跑在公園中，看到許多來來往往的觀光客正悠哉漫步著，當他們

看到我跑過，會不約而同熱情地替我加油、歡呼。令我印象最深刻的是，有一位伯伯跟著我跑了一小段路，幫我加油打氣，我瞬間心花開，感覺到滿滿的能量。

比賽過程中，我特別感動的是有許多觀眾為選手們加油，儘管不認識，他們都會為你大聲吶喊。雖然看似我隻身一人在賽道上奮鬥，但過程中，時不時就突然一句加油聲，讓我生命值又得到填補，感覺有著源源不絕的能量，而我的身心靈也因此存在著一股龐大的力量。

好喜歡這樣的氣氛，享受比賽、享受痛苦。進終點那一剎那，無法言喻的喜悅佔滿了我的心，更溢出滿滿的成就感！

這場比賽沒有成績壓力，沒有一定的目標，我只是來完成它、享受整個過程，就像第一次在梅花湖接觸鐵人三項的我，是多麼開心、多麼沉浸其中，單純為了完成一場比賽而獲得滿足與成就感。只要找回這個初衷，我對鐵人三項的熱情將會持續燃燒不滅。

肉肉在人生初 113 比賽中找回對鐵人三項的初衷
（圖片來源：LAVA 台灣鐵人三項公司王武楠攝）

1. 人生初 113 在 2020 IRONMAN 70.3 的歡樂氛圍中跑進終點（圖片來源：LAVA 台灣鐵人三項公司王武楠攝）

2. 如同父親般的鐵人三項教練，在肉肉對鐵人三項懵懵懂懂時，細心且耐心提拔、照顧，非常真性情且了解她（圖片來源：LAVA 台灣鐵人三項公司王武楠攝）

3. 愛河鐵中肉肉的腳傷越趨嚴重，爸爸（圖左柵欄外側）在路旁默默擔憂著，直到她咬牙含著眼淚離開轉換區往前邁進時，爸爸再也無法按耐住情緒，陪跑了一段長路。

4. 為了 IRONMAN 70.3 的 90 公里獨騎，第一次借三鐵車（ARGON18）參賽（圖片來源：LAVA 台灣鐵人三項公司王武楠攝）

5. 在 2019 愛河鐵游泳上岸跑轉換時，帶著受傷的腳踝咬牙奔跑（圖片來源：尋寶網）

6. 2015 於梅花湖完成人生初鐵，種下了投入鐵人三項運動的小種子（圖片來源：尋寶網）

▎從游泳到鐵人　三個願望一次滿足

　　我投入鐵人三項訓練約五年，但在游泳項目其實已有十年經驗。小時候因為身體不好，為了讓身體更健康，國小一、二年級開始被媽媽帶去學游泳，當時從沒想過自己有一天可以因為游泳進入校隊，甚至成為鐵人三項國手，為國爭光。直到國小三年級，因為對游泳的興趣越來越濃厚，就進入體育班專心練習游泳項目，國高中時期還參加過全中運比賽。

　　看似成績卓越的我，卻有一度想要放棄游泳、放棄當運動員！主因原本從小在游泳隊訓練成績不錯，突然之間，各方面訓練成績與狀況都莫名其妙地每況愈下，當時訓練成績不只沒進步，反而呈現大幅度退步狀態，這讓我對游泳的熱愛轉為巨大的壓力，以致於只要一想到游泳就莫名想哭，最後甚至逃避練習。直到當時的教練發現了我的狀態，慢慢開導、分享他自己的經驗與心路歷程，並鼓勵我學習如何調適和放鬆自己，漸漸地，我終於調整好心情，也回頭積極參與訓練。回想當時如果沒有教練即時的開導，就不會有現在體育場上的我。

　　至於為何從游泳轉戰鐵人三項？因為比賽的過程，能讓我感受到一份無法言喻的成就感與喜悅感。雖然我從國小到高中游泳成績都不差，但總覺得自己一直無法突破而失去動力，直到升大學前的暑假，泳隊教練問我要不要參加鐵人三項比賽轉換心情？這讓一直以來都待在水中的我，有如發現新大陸一般興奮！初鐵 2015 梅花湖鐵人三項賽，我在游泳項目是第一位完成，現場沒有人曉得我是誰，卻在轉換區聽見場邊觀眾滿滿的加油歡呼聲，這是我當游泳選手時從未感受過的成就感與新鮮感。

　　鐵人三項讓我三個願望一次滿足，藉由游泳、騎車、跑步三個不同項目，增進練習的變化性，並保持對運動的新鮮感。比賽過程中，各單項都會發生不同問題，包括游泳的定位與卡位、騎車時要如何克服地形、怎麼跑更省力，而三項也有共通的難題，例如應對臨時狀況的技巧和戰術。透過訓練和比賽，我一邊運動一邊領悟這些技巧如何運用，還有什麼比這更棒的！

▌訓練心法

每個人都擁有多重身分，例如我是選手、學生、員工、實習生，也都活在每個角色的期待中。然而一天只有 24 小時，該怎麼做才能兼顧？

微軟創辦人比爾蓋茲（Bill Gates）曾說：「過去，適者生存；而在今天，只有最快處理完事情的人能夠生存。」真正的自律，首先是給自己一個明確目標。不過，有目標卻缺乏嚴格的管理、執行，就算是再好的計畫和目標都等於零。

在人生中，沒有人能替我們決定，自己要對自己負責，多一點自我控制的能力，就會少一點對時間的浪費。當下可能感受不大，但是日積月累，在無形中就會明白，自律是在這些減少浪費的過程中慢慢形成的。在時間管理上，以下是我多年來堅持的原則：

1. 生活作息要有規律，早睡早起，給自己穩定充足的睡眠。精力管理是時間管理中非常關鍵的一部分，如果做重要事情的時間總是活動力低落，那麼事情一定無法做得有效率，時間容易被浪費，那麼對時間的掌控權自然更低。
2. 找到自己的主要目標與次要目標。
3. 規劃好每件事情該做的時間，給自己一個可以遵循的指標。

備賽攻略－梅花湖初鐵

在此針對挑戰宜蘭梅花湖全國鐵人三項賽的初鐵選手們。鐵人三項雖然能輕鬆上手，但很多規則、專業知識和技巧，新手並不是很了解，可以請教比過同場賽事且有經驗的前輩，包括比賽的注意事項、他們自己的訣竅和參賽經驗。

◆ 如果已熟悉入門門檻較高的游泳，也應注意一般泳池是游直線，比賽則是在湖中，沒有水道繩，只能靠自己找物體定位。因此，在游泳池訓練時建議練捷泳抬頭定位，也就是換氣時抬頭看前方，藉此模擬賽事中在開放水域調整前進方向的感覺。

◆ 梅花湖的自行車項目幾乎是平路，直去直回，重點在於平路的獨推能力，因此建議直接找類似路況的路線，往返路上會碰到順風及逆風，藉此感受並克服路況，讓踏頻維持在適合自己迴轉數的穩定輸出。

◆ 無論訓練游泳或騎車之後，都建議轉換去跑步，一方面增強自己的體能及腿部肌力，另一方面加強游泳轉換騎車、騎車轉換跑步的適應能力。

◆ 擁有充足體力是最重要的關鍵，因此在每一項訓練上務必達到比賽的距離，甚至以超過比賽的距離為目標，這樣在面對三項連續進行的賽事當下，才能更有信心且游刃有餘。

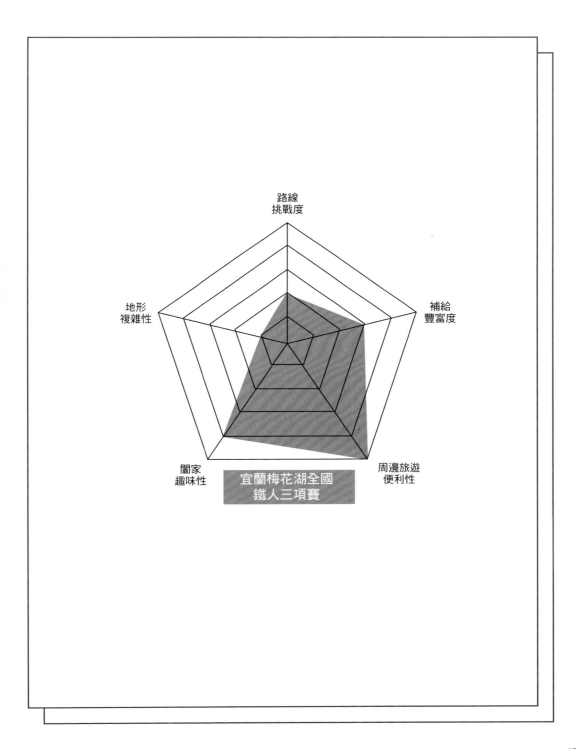

（圖片來源：ZIV 運動眼鏡）

在家鄉歡樂氣氛下
闖進軍營飆速

不要害怕被追到，沒有試過怎麼知道結果如何？

Profile

現職
鐵人三項教練

選手資歷
鐵人三項國家代表隊選手
青年奧運代表隊
亞洲盃
亞洲錦標賽
瑞典世界大學錦標賽

人生初鐵
2010 愛河國際鐵人三項

主要比賽經歷
2016 澎湖全國鐵人三項錦標賽 菁英組第三名
2017 台南安平全國鐵人三項錦標賽 半程組第三名
2017 新北福隆亞洲盃鐵人三項 全程組第一名
2018 愛河國際鐵人三項錦標賽 全程女子組第二名
2018 日本蒲郡 U23 亞洲錦標賽 個人全程組第十一名
2019 IRON Girl51.5 18-24 歲組第一名

　　「黃埔金湯全國鐵人三項競賽」是全台灣唯一在軍事基地內舉辦的鐵人賽，軍區位於高雄鳳山，「黃埔」代表陸軍軍官學校，「金湯」代表陸軍步兵訓練指揮部，這兩校為國軍訓練的重要基地，平時嚴格管制且無法開放基地給民眾參觀，藉由鐵人賽，難得讓大家能夠一覽孕育許多優秀國軍的搖籃。

　　身為土生土長的高雄鳳山人，這場在地的特別賽事非參加不可！平時沒有機會進入陸軍官校，趁著這次比賽終於能進場一探究竟。

台灣唯一能在軍營飆速的鐵人賽

　　黃埔金湯不只有鐵人三項，還有較親民的鐵人兩項，讓不會游泳的人也能享受在軍營飆速的感覺。早上是大人的戰場，許多家庭一起前來，爸爸參賽、媽媽帶著小朋友在一旁的草地野餐、幫忙加油。下午則是小朋友的放電時間，WonderKids 小鐵人競賽，讓全家人能一起陪伴、鼓勵、一同享受運動的快感。

　　游泳項目在軍區內的黃埔湖，人工打造、純天然，可以說是零污染，因為湖水不深，約 140 公分，湖底的淤泥稍會有揚塵，能見度不是太好，但天然ㄟ雄賀！完全不用擔心。

　　單車項目繞行在兩校軍區內，一圈就有四段全平路，讓參賽者能安心競速。除了平路以外，要注意的是有許多大角度彎道，中間僅有一小段經過全封路的機車道，在軍區內飆車的好處就是不用擔心與汽機車爭道，只有你和選手們一同努力著。

　　跑步直往軍區後方的「雞母山」，而其中有一段號稱營區中的好漢坡，坡度陡又長，不少人一看到立馬選擇當步兵。厭世坡段一過，馬上接著輕鬆的黃埔湖環湖路段，並在湖畔結束賽事。跑步路線有上坡、下坡、平路，實在很有挑戰性。

這場賽事的路線規畫跟我大學時期遠赴瑞典參加「世界大學錦標賽（簡稱：世大錦）」雷同。黃埔賽事全程都在軍區內，競賽過程中非常安全；而世大錦位於瑞典卡爾瑪的小城市，路上沒有龐大車流，只有通勤的單車族，比賽過程中全路封閉，讓選手們能夠安心在賽道上奔馳。這兩場各有其獨樹一幟的賽道特色。

黃埔金湯比賽地點鳳山，被我稱為「古蹟與美食的藏寶箱」。完賽後，最快樂的就是到鳳山享用美食，肉圓、鹹粥、肉燥飯，光聽就讓人垂涎三尺，還可以去國家二級古蹟「龍山寺」拜拜求平安。參賽來玩三天兩夜，要運動、要美食、要景點一次通通滿足！

在溫暖家鄉與國軍一起拚搏

每年12月，南部天氣逐漸入冬，但溫暖的太陽依舊在中午探出頭來，像是告訴人們「在高雄的冬天我依然照耀著大家！」氣溫則不像夏天那樣熾熱，非常適合進行長距離運動賽事。身為鳳山在地人的我，也在2019年報名了「黃埔金湯全國鐵人三項競賽」，想在自己的家鄉拚搏一場。

賽前場勘 發現水跳太深會「插秧」

按照鐵人賽慣例，選手必須在前一天報到、領取物資，而我習慣趁此時到賽事場地走一走，了解轉換區的位置、路線的動向、附近地面狀況，最好是能夠騎著單車繞行路線一圈，親自走過更能夠增加對路線的印象。

比賽前一天前往陸軍官校，一到門口駐守的衛兵進行身份檢查，以確保營區內的安全。開著車以時速20在營區裡頭，抵達報到處，報上我的編號，這感覺又回到了選手時期，準備好我的子彈、準備上戰場。

場勘路線時，游泳項目在黃埔湖繞行兩圈，可見湖上已設好明顯的大浮球做定位。黃埔湖不深，像我身高165公分，站起來水深才到我的胸口，因此出發跳水時千萬小心不要跳太深，否則就像稻草一樣插秧種田了。

單車路線全程只有平路和幾個直角轉彎，官校特地在賽事前重新鋪路，只為了有更平順的賽道讓選手安心飆速。最後別忘記要去後山看那具挑戰的好漢坡！當天下午陽光正燦爛，好漢坡上兩側樹蔭能遮蔽的部分不多，考驗著選手的耐熱程度。報到和場勘兩件最重要的事做完了，接下來就是回家整理裝備，早點睡覺，養足精神準備應戰。

鳴槍前，國歌揚起

一早天剛亮，溫暖的太陽就已經露臉，像是準備好跟我們一起比賽。到了會場第一件事就是到轉換區領取晶片、擺放單車及其他裝備，裝備就位之後我會做一次意象訓練，想像待會上岸我會從哪個方向進來轉換區，拿裝備的順序也試想過一遍，檢查是否順手，沒問題就往下水處暖身去。

開賽前，選手們聚集在下水處暖身，在軍校內比賽有一個傳統：唱國歌。大家一起唱著屬於我們國家的歌曲，那同心協力的感覺真好！

戴上泳帽、泳鏡，聽著倒數的聲音。一鳴槍，大夥快速衝進湖裡，「天啊！人好多！好可怕～我不想被擠被踹啊！」鐵人一開賽就是這麼熱血，一群人同時奔向水裡，好險雖然人多，但前一天的場勘讓我安心不少，出發跳水成功，沒有插秧！

一般下水前 300 公尺會上演武打戲碼，我只能想著「衝就對了」，但手還是默默護在臉前面，女孩子臉蛋重要啊！300 公尺過後就是考驗定位和泳姿的時候，因為揚塵導致湖水能見度不高，關鍵是要控制好體感配速與動作的穩定度，也許一下水的溫度、氛圍、一群人的武打戲碼讓你緊張，但在游泳過程中試著把心態調整好，就能發揮平常的訓練效果。

兩圈游泳結束，我立刻奔上岸去轉換區，沿路鋪著紅地毯，有如跑在星光大道的感覺。戴上眼鏡、安全帽，牽車出發，一出轉換區就是一條筆直的路線，齒比調整到大盤、掌控好轉速、固定功率大約在 90%，穩定地巡航前進。

緊跟集團破風　憶起在日本為自己破風

　　賽前重新鋪好的路果然好騎！這段路都能夠看到去程和回程的選手們，遇見認識的朋友彼此互相加油打氣，再累也能夠振奮人心。途中慢慢集結越來越多選手一起前進，開始有了「集團」的形式出現，大家分工合作，每一個人都會輪到第一順位，而最前面做工最大，往後強度遞減。在集團裡為了守住體力，只要不是我帶頭都會緊緊跟在後方，就像電影「破風」一樣，適時分配自己的體力，才能夠完成長距離的耐力賽事。

　　還記得有一段直線去程上，我發現對手已經正在回程，目測我們相差了 500 公尺。我試著追上去，但我提醒自己不能輕易被影響，持續穩穩地跟緊跟集團，把功率、頻率、呼吸維持在我的比賽配速上。

　　與對手一下拉近一下拉遠，讓我的心情七上八下，這種你追我跑的情境，讓我想起 2018 日本蒲郡的亞錦賽。ITU（國際鐵人三項聯盟）在單車有一個「套圈」的競賽規則，當你騎車被第一名追過之後，就等於失去比賽資格、提早下課。那次女子菁英組大約有二十人，游泳上岸後單車總共要騎八圈，當我正在進行第二圈時，發現壓隊車在我身後，這樣代表我是場上最後一人，其他人因為游泳較慢、單車被套圈，已經提前結束比賽。

　　我心想「大老遠跑來日本了，怎麼能被提早結束呢？」所以剩下的六圈我只能更快不能慢下來，注意直線的順逆風，順風就加點力量，讓風多推一點；逆風則是看好瓦數輸出，不能在最後時刻爆掉。這場賽事光轉彎就有一百零五個、U-turn（迴轉）三個，地板的一些砂石和斑馬線讓賽事提升了困難度，一不注意就會摔車。我告訴自己「加油！手把穩住！一定能安全過彎」，看著集團的逼近，從相差 90 秒變成 60 秒，那心裡的壓力讓我緊張不已。但轉個念頭，這就是要逼出我的最佳單車成績！嘗試加些功率輸出，不要害怕被追到，沒有試過怎麼知道結果如何？

　　每當我完成一圈，旁邊的觀眾都喊著我聽不懂的日語，就像在說著「加油啊！集團就在後面了！」，我這隻待宰的小綿羊只好不斷使出吃奶力氣，

完全不敢大意。比賽進行到第五圈，雙腳越來越聽話，速度慢慢增加了不少，60 秒的差距一直維持著，每個過彎變得更順，自信心也越來越多。最後以 60 秒差距安全下莊，下車後跑步也是非常順利，完賽時間 2 小時 16 分 39 秒，小綿羊逃脫成功！

回到黃埔金湯賽場上，這時候天氣正漸漸轉熱，考驗著選手們的耐熱程度是否能在豔陽下發揮正常實力。剩下最後一圈，我也正慢慢逼近我的對手，我很想追到她，但就怕欲速則不達。轉變心態告訴自己「妳可以做到的，加油！」在自我鼓勵、信心建立的狀態下，最後在下車前終於追到她，讓我更相信自己一定辦得到。但，我們還有跑步要拼呢！

長陡坡不只用跑的，還可以用走的

雞母山的長上坡共有兩圈，讓不少人畏懼，但這段爬坡除了跑，其實可以走路完成。像這種坡我會用「快走」的方式先完成第一圈，用意是調整呼吸、讓肌群適應。面對大長坡最擔心停下來，用跑的或許快一點，但有機會爆掉變步兵；用快走不一定比跑步慢，甚至跟跑步一樣快呢！

完成第一圈，身體依然保持最佳狀態，剛剛追到的選手也離我越來越遠，第二圈長上坡則選擇用跑的方式。第一圈適應了，第二圈能夠增加速度，腿部肌群增加發力也不會擔心抽筋。最後來到黃埔湖畔，遇見參加兩項的好友婷婷，我們一起肩並肩努力著，跑在兩側樹蔭之間，涼風吹過來很舒服，一個轉彎經過小橋，剩下 200 公尺終點就在眼前。滿滿觀眾在兩側歡呼，我們在歡樂的氣氛下衝進終點，最後我獲得第二名佳績，完成了一場心情像坐雲霄飛車的比賽。這場賽道安全、風景漂亮，還可以盡情享受鐵人飆速的暢快感，真是棒極了！

在自己的家鄉比賽，過程中不只是自己在奮鬥，同時有家人、朋友在一旁鼓勵，還有國軍弟兄們一同參賽，讓我看見他們的努力與堅持到底的決心，看著他們發揮平時訓練的成果，挑戰自我、為國家爭光，身為歹灣郎的我深感驕傲！

1. 黃埔金湯鐵人三項競賽終點，曉花與好友張婷婷合影
2. 平時除了訓練，也會帶著學員一起外騎，培養運動的好習慣
3. 黃埔金湯游泳項目下水前，大會貼心設計斜坡緩衝，讓選手不「插秧」
4. 曉花在歡樂的氣氛下跑進終點，並獲得第二名佳績

▌小六比初鐵 從此墜入鐵人三項懷抱

　　小時候身體不好，於是在家人的建議下學游泳，靠運動改善我的體質，而我的運動生涯也從這一刻開始。

　　小學四年級被我的啟蒙教練－梁國禎相中，帶我加入泳隊，開始一天一餐的訓練；直到五年級，教練帶我去嘗試百事特小鐵人，我才發現鐵人三項一次可以玩到三種運動，比游泳都在水中咕嚕咕嚕有趣太多了！我不用整天都待在水裡，能夠騎著單車到處訓練、穿上跑鞋在田徑場上奔馳，從此我的斜槓運動多了一個「鐵人三項選手」。

　　六年級參加了初鐵，是全台灣僅有的經典賽事「愛河國際鐵人三項賽」。當時沒有三鐵服，簡陋地只穿泳衣下場，上岸後穿著運動服就出發騎車跑步，一度被認為是小弟弟，當下的我實在哭笑不得。這就是我的初鐵，當時勇敢、懵懂的我就這麼跳入愛河，就此墜入鐵人三項的懷抱。

　　十二年來參加過不少國內外賽事，累積許多經驗，直到現在，我依然站在鐵人這條路上。不同的是，現在的我多了教練身份，想法、心態與以往不同，從挑戰自己變成幫助他人。歡迎對成為鐵人有興趣的朋友們，跟著我們一起挑戰鐵人三項吧！

▍訓練心法

1. 規劃自己的運動時間，該運動的時刻絕不偷懶。
2. 鐵人三項屬於長距離賽事，有氧基礎絕對不能少。
3. 不要害怕高強度的間歇訓練，適當的強度訓練有助於肌肉發展、提升訓練的效率。
4. 「心強，人就強」，告訴自己可以！面對每一次的挑戰絕不輕易放棄，鼓勵自己、相信你是最棒的！
5. 不只一昧訓練，休息、恢復運動更是不可或缺。沒有足夠的休息時間，讓身體超負荷，訓練將本末倒置且效率極差。

2018 年遠赴瑞典參加「世界大學錦標賽」，與外國選手一同較勁

備賽攻略－黃埔金湯鐵人三項

鐵人三項近年來相當盛行，而在我從選手轉變成教練之際，發現越來越多女生想加入鐵人行列，但不知該如何著手開始 。以下針對女鐵人們提供準備這場比賽和訓練該注意的事項。

◆ 訓練最重要的第一件事：了解自己、加強弱項

剛踏入鐵人圈的鐵友，常常因為練習不足而無法完賽，建議初鐵朋友們練習時除了個別的三項訓練，也要練習「轉換」，這是隱藏版的鐵人第四項。有多少人敗在騎車下來跑步抽筋而無法完成比賽、游泳上岸頭暈無法跑步進轉換區，這些小細節準備好，進完賽終點就容易很多！

進階的鐵友們，不只完賽也想破 PB，建議找專業教練幫忙規劃訓練週期，用數據量化訓練設定目標，以及制定該達到的數據化強度，不只是一昧靠體感。除了練習，恢復、休息、營養補充也很重要，不斷拼命練習也許會進步，但受傷機率很高、訓練效率不佳，運動是長久之計，變強的同時，身體也該有適當的休息時間。

◆ 身心靈的調整：學習和姨媽和平相處

每個月女生們都有困擾的那幾天，情緒起伏較大、身體較虛弱，因此常見以休息來暫停訓練。以往我的做法是，只要身體沒有極大反應的不舒服，訓練就改成低強度的有氧訓練，時間不用長，大約三十分鐘即可，重點是要教育身體生理期運動是可以進行的，而不是完全休息。每場比賽都是花時間精力準備來的，而我們無法保證比賽日不會遇到姨媽，因為遇到而棄賽非常可惜，未雨綢繆才是解決之道。

◆ **讓比賽安心的提前準備：路線場勘**

　　由於黃埔金湯位於軍營內，一般民眾平時無法進入參觀。建議事先多跟
參賽過的鐵友了解比賽的流程、路線安排，在賽前開放時間務必提早進
營區場勘，了解整場賽事的動線、繞圈數。充足的事前準備，才能讓你
在比賽過程中不慌亂緊張。

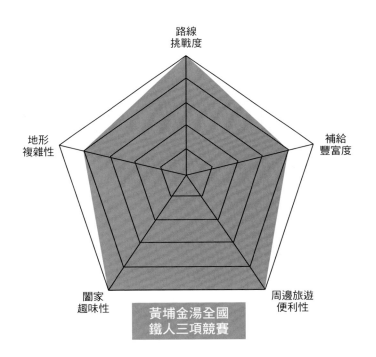

路線
挑戰度

補給
豐富度

地形
複雜性

周邊旅遊
便利性

闔家
趣味性

黃埔金湯全國
鐵人三項競賽

來場比較「激烈」的戶外活動

你說我來比賽嗎？我覺得，
我只是來場比較「激烈」的戶外活動罷了！

2016 WeTri 墾丁鐵人三項賽

王心恬
Candy Wang

12

Profile

現職
時尚模特兒、作家、插畫家
NAMUA 香氛品牌創辦人

人生初鐵
2015 Challenge Taiwan 國際鐵人三項賽 標鐵 51.5

主要比賽經歷
2013、2014 LAVA 大鵬灣鐵人三項 51.5 接力
2014 IRONMAN 70.3 Taiwan
2015 Challenge Taiwan 國際鐵人三項賽 標鐵 51.5

2015 台北馬拉松 半程馬拉松
2016 ROXY FITNESS 戶外運動營
2016 Challenge Taiwan 半程超鐵 113
2016 吳哥窟超級馬拉松 111K
2016 WeTri 墾丁鐵人三項 標鐵 51.5
2017 夏威夷全馬拉松 42K
2018 內蒙古超級馬拉松 111K
2018 agnes'b 香港女子路跑
2019 SUPERACE 國際馬拉松－敦煌站 115K
2020 菊島澎湖跨海馬拉松 42K

我太喜歡游泳，太愛大海了！因此對鐵人三項賽事，尤其是游泳項目我蠻挑場地的，像是台東活水湖對我來說像個大型戶外泳池，游起來會覺得無聊。我一直很喜歡舉辦於墾丁的賽事，因為可以游海，有真正自由不受限制的痛快，深不見底的大海與浪花雖然讓許多人害怕，還得擔心海裡有水母，但這些都是深深讓我對大海著迷的地方。所以，每次看到有可以游南灣、小灣的賽事，我都忍不住報名的欲望。

▌不可思議的奇幻賽程

WeTri 墾丁鐵人三項賽（後名為 WeFight 墾丁鐵人三項賽）的游泳項目正是設在小灣，因為小灣的地形左右兩側都有陸地屏障，灣區的浪會減到最小，而水質也非常透徹，淺水區域可直接看到沙地和魚。因此，這場賽事很快地列入我的口袋名單。

多游 500 公尺 游到懷疑自己被關門

比賽開始，海泳的感覺一如往常，很遼闊、很自在，雖然一直有些小浪，但是只要找到節奏並維持住，游泳其實是三項裡最簡單也最享受的項目。海泳過程中，我往海底看時覺得自己彷彿在外太空，看到一點一點發亮有如星星的物體，但碰到身上時才發現…媽呀好痛！這就是被水母螫到的日常。好在我皮膚不會對水母過敏，通常稍微痛癢兩天就好了。

游泳項目要游兩圈才算完成，第一趟游完上岸踩過感應區後，再下水游第二趟。雖然我很享受海泳，但是游到一半越來越覺得不對勁，總里程1500 公尺的一圈應該是 750 公尺，但我感覺游了好久好久。第一圈結束上岸到沙灘上過晶片區，發現已經過了快半小時，我非常驚訝才游一半怎麼會是這時間？驚嚇之餘，還是調整好腳步趕緊下水追趕時間，邊游邊想「不會吧，今天要被關門了嗎？」

第二圈我再增加強度、換氣頻率增快，想辦法在規定的路線上盡力游直線，上岸後還好沒被關門，不過很納悶今天自己是怎麼了？後來才發現，原本 1500 公尺的路線大家都游了快兩千，原因是比賽前一天因為漲潮與

退潮的關係，大會放的浮球線被往外拉出不少距離，導致大家比賽時都多游了許多，這真是令人難忘也很特別的經驗。

最遙遠的距離是…轉換跑了 1 公里

上岸後跑向轉換區，我發現游泳上岸到開始騎車這一段，通常是我比賽全程中精神最好的時候，因為游泳算是把身體熱開，上岸後看見很多觀眾和加油團更會特別亢奮。然而在前往轉換區的路上，跑著跑著我發現距離真的好長啊！在墾丁非常炎熱的天氣下赤腳跑在轉換區的紅毯上，腳底能真切感受到「燙」，而這次的轉換區至少有 1 公里！沒錯，轉換了 1 公里！游泳上岸後在硬地上跑了 1 公里，讓我數度有點腿軟。

好不容易，真的是好不容易抵達轉換區後，我的 SOP 是先穿上長袖車衣外套、套上車褲。因為工作的關係我不太能曬黑，每次比鐵人三項我都會被公司罵甚至發出警告，因為賽後有已經簽約排定的工作，我的膚色不能有太大差異。

我曾經為了怕曬傷，在一場 113 半超鐵賽事一到轉換區就塗上一大堆防曬，還邊騎車邊補防曬，但騎到一半發現皮膚因為擦太多防曬油，完全無法透氣排汗，讓我體溫越來越高，後來騎到半路中暑，也因此棄賽了。

在 WeTri 這場比賽為了不重蹈覆轍中暑憾事，我改成穿車衣外套戴上袖套，以防止自行車 45 公里漫長過程中曬傷。至於套上車褲是因為我太瘦，使騎車椅墊與骨頭摩擦太有感，因此寧願多這個步驟增加車褲上的緩衝，讓這趟騎車能夠舒適許多。

人生中最接近死亡的彎道

騎車路線是從墾丁大街的末端開始，沿著海岸線經過福華飯店、船帆石和著名的砂島，接著到鵝鑾鼻燈塔就開始爬坡，抵達雷達站之後，眼前迎來廣闊的龍磐公園大草原。賽道相當優美，讓我可以忘記比賽當下身體上的痛苦，滿足我的心智和想像，平時這些路線都是搭車前往或經過，但從未像這樣靠著自己的力量騎到這麼美麗的地方。

就在此時,風開始變得非常強勁,騎到風吹砂時風砂也變更大了,不過這也代表厭世爬坡即將進入尾聲,後面的路段都是下坡和平路。

當我知道要參加這場比賽時,大概了解自行車賽道的爬坡難度,於是特別到訓練中心踩自行車模擬器,教練幫我們模擬整條自行車賽道路線的坡度,所以比賽當下爬得沒有想像中痛苦。然而爬坡不是我的強項,加上天氣非常炎熱,我也花費了許多時間,直到下坡能加速時因為坡度陡,我以安全為重仍不太敢衝。

接近鵝鑾鼻的下坡有幾個超級大角度彎道,我一度減速不夠,又遇到一陣陽光的炫光閃入眼簾,看不清楚當下以為自己要摔車了,腦海中浮現各種預想「現在摔車我該怎麼摔才不會受傷?」幸好,我安然度過那條人生中最接近死亡的彎道,後段就抱著謝天謝地的心繼續完成比賽。

進入轉換區後我感到非常疲累,在轉換區等待的教練還問怎麼騎這麼久?我想「熱」真是我的致命傷。因為熱而消磨了很多體力與時間,心想能快一點出發算一點,於是我稍作休息後就開始趕路。

人生中時間最長的一場比賽

2016 年 WeTri 的跑步路線跟單車重疊,從墾丁大街到砂島附近折返。原以為跑步能慢慢欣賞沿途景色…喔不!真的好痛苦,我熱到整個人都要燃燒了,同時還得想辦法提起腳步。每當經過補給站,我除了大量補充水分之外,就是把吸飽冰水的海綿從頭頂往全身擠,那瞬間就跟泡進地中海的冰海水般暢快,宛如得到救贖,但就只有那一瞬間。

鐵人三項中我最討厭的就是跑步,因為對我來說跑步是最慢、最無聊的項目,所以每次比賽一定要聽音樂,才能稍微感覺到時間快轉,也可以隨著音樂節奏邁開步伐。但悲劇來了,雖然當時科技進步,手機號稱可以防水,但再怎麼防也只是防潑水。我在每一站淋水的動作,導致跑到中段發現手機音樂停了,原以為是耳機沒電,但不對呀!我比賽前準備都非常充足,手錶、手機、耳機都充滿格。後來掏出手機,才發現它在我口袋裡

跟泡水沒兩樣,沒錯,它壞了!為此,賽後第一件事就是衝到市區買一台新 iPhone,想想真是太荒謬了。

最後我順利進入終點。有些沒從事過鐵人活動的朋友來全程觀賽,他們都嚇呆了,覺得我們怎麼會有毅力在這麼早的時間起床集合、沒有輔助用品就跳進深不見底的大海、上岸後又開始騎車登山、登山完進行嚴峻酷熱的路跑到達終點…太不可思議的奇幻過程!連他們看著都覺得累。

而我,又完成了一場鐵人三項賽事。我多位常玩鐵人賽的朋友都比得哇哇叫,聽說都創了他們人生中時間最長的一場比賽,永生難忘。

到墾丁比賽的企圖

到墾丁比賽其實都是有企圖的!這次比賽帶著自己的大狗狗住福華渡假飯店,賽後非常方便回去沖洗休息。比完賽就算再痛苦,我隔天還是安排潛水行程,到海底世界降降體溫,讓皮膚鎮定一下。

墾丁周遭的旅遊資源不用我多說,潛水或浮潛體驗豐富的珊瑚礁生態、晚上墾丁大街的美味小吃、有趣的遊戲攤販,遠一點可以到四溪泡溫泉,如果喜愛衝浪更有佳樂水這個很好的浪點。

你說我來比賽嗎?我覺得,我只是來場比較「激烈」的戶外活動罷了!

1. 在炎熱的墾丁跑步,每經過補給站,就把吸飽冰水的海綿從頭頂往全身擠,瞬間得到短暫的救贖

2. 自行車賽段近鵝鑾鼻的下坡有幾個超級大角度彎道,一度減速不夠又看不清楚,險些摔車

3. 完賽後,帶著輕鬆愉快的度假心情跟終點合照

▎美人魚上陸地挑戰極限

我是一名模特兒，在高三時期簽約進凱渥模特兒經紀公司。因為從小身高突出，加上爸爸是名籃球員，所以從小對運動並不陌生，可說是在籃球場長大的孩子。小時候爸爸喜歡帶我逛運動用品店，但媽媽希望我是個漂漂亮亮有氣質的女生，長大能當模特兒，所以我是在父母完全不同期望的拉扯下長大的。

小學時代，和我同年齡的親戚都住在南投，寒暑假我都去南投的表姐表哥家住，因此學習了游泳，也奠定我愛水的個性，水性很好。到了大學唸設計系，需要花很多時間坐在電腦前鑽研電腦動畫和繪圖，能運動的時間有限。當了模特兒後，周遭同行運動大多是為了塑身、減重，但我的體型一項是偏瘦體質，所以沒有特 別去從事運動，唯一保持習慣的是游泳、潛水等水類運動。

從事模特兒對我來說喜惡參半，喜歡的是可算是設計類的一個成果，不喜歡的是我幾乎所有時間都花在演藝、詮釋別人的品牌和商品，久了覺得自己的生活好像完全不是付出在自己身上，因此開始想花些時間與自己相處、交不同領域的朋友，拓展自己的生活和視野。

直到有一回，前輩林義傑建議我們幾位模特兒組隊參加較入門的鐵人三項接力，第一場就是位於大鵬灣的鐵人三項比賽。當時我被分配到騎單車，單車路線一開始在賽車場內，可以馳騁在賽車才能行駛的道路上，是一個很難忘的經驗，過癮兼具挑戰。而本來就擅長游泳的我，開始萌生獨自完成鐵人三項的念頭。

牡羊座個性讓我想要挑戰自己的極限、體驗所有有趣的戶外極限運動，也因此，至今我培養出潛水、游泳、滑雪、跑步、單車等運動興趣。

▎訓練心法

從一開始準備鐵人三項就是找專業鐵人協助，畢竟鐵人領域對我來說非常陌生，除了需要增加自己的體力、耐力和身體條件外，也希望可以從訓練過程中知道多一點比賽會遇到的狀況、聽取教練的經驗分享，讓我不會因為對比賽陌生而感到害怕。

另一種準備是在比賽裝備上，有齊全且適合的裝備可以讓比賽過程更順利，所以任何鐵人會用到的裝備，不管用的、吃的、喝的我都會聽取意見準備到最完整。感覺像是在看 F1 一級方程式賽車一樣，從頭到尾都要演練一遍各個環節，因為沒有這些裝備，比賽是無法順利進行的。

王心恬參加任何一場比賽都準備好齊全的裝備，
圖為赴內蒙參與三天兩夜 111 公里超馬賽的裝備

備賽攻略－ WeTri 墾丁鐵人三項賽

這裡以個人備賽經驗為主，因每個人狀況不一，無法完全參考。

◆ 如果長期以來都游蛙式而非自由式，參加鐵人比賽建議從頭學習自由式，一來自由式比蛙式快；二來游蛙式用蛙腳踢完，上岸接自行車及跑步這些都要用到腿力的項目會非常吃力，嚴重甚至會抽筋。

◆ 最推薦的方式不一定最適合你！例如，經過親自測試，心恬的蛙式跟自由式幾乎一樣快，不過較不擅長新學會的自由式，因此游泳時心跳較快、較喘；反觀游蛙式時心率非常平穩。另一方面，自由式換氣是左右兩側互換，在比賽中無法定位，如果沒有好的抬頭定位技巧，很容易偏左偏右而白白多游、多花費時間。經利弊評估之後，心恬後期比賽仍以蛙式為主，不過因為踢蛙腳很容易在水中攻擊到別人，比賽時可以選擇較晚下水，以免波及身旁的選手。

◆ 在備賽階段，較少把時間花在游泳訓練，只有比賽前會到泳池抓水感，原因是游泳的訓練投資報酬率太低，就算練得很好也進步不了幾分鐘，跟絕大多數的參賽者差距無法拉大。跑步、騎車的時間則可以差距非常大，所以訓練時會較著重在這兩項。

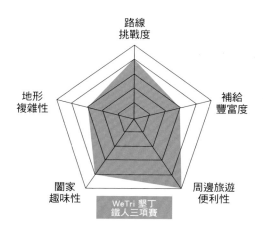

努力享受艱鉅比賽過程

運動本身是個快樂泉源，解除我的生活壓力和煩惱。
開心時要運動，不開心時更要運動！

Profile

現職
台北市警察局刑事鑑識中心鑑識官

人生初鐵
2012 台東活水湖 51.5KM 國際鐵人賽 女子總冠軍

主要比賽經歷
2012 普吉島 IRONMAN 70.3 19-24 歲組第一名
2012 中國重慶長壽湖海峽盃
2013 全國運動會鐵人三項賽 51.5 菁英組第二名
2013 台東普悠瑪國際鐵人三項賽年 51.5 第一名
2014、2017 台東普悠瑪國際鐵人三項賽 113 第二名

2013、2016 澎湖國際鐵人三項錦標賽 51.5 第一名
2015 澎湖國際鐵人三項錦標賽 113 第一名
2016 澳洲 IRONMAN 70.3 世界錦標賽
2017 Challenge Taiwan 國際鐵人三項賽 113 第一名
2013-2019 世界警察消防運動會鐵人三項 51.5 四屆冠軍
2013、2016、2017 秀姑巒溪國際泛舟鐵人三項競賽第一名
2018 中國泰州亞洲盃
2018 菲律賓蘇比克灣亞洲盃

談起這場比賽實在太好玩了！所以我一連參加了 2013、2016 與 2017 三場，每場都跟鐵人工廠工頭阿士羅威士，與其他鐵人好手像謝昇諺、吳冠融、楊志祥、張浩、林群馨、邱韋強、季胤辰、謝汶娟等人組隊參加。

最有趣的三鐵賽：秀姑巒溪國際泛舟鐵人三項競賽

秀姑巒溪國際泛舟鐵人三項絕對是我參加過最有趣的鐵人三項賽！不同於其他鐵人賽事，這場比賽沒有游泳，沒錯！游泳可以說是大部分鐵人的噩夢，對我來說也不像騎車和跑步那麼有把握。賽事以好玩刺激的泛舟取代緊張競爭的游泳，在東台灣的豔陽下，泡完秀姑巒溪清澈涼爽的溪水後，接著跑步在優美的花蓮田野間，最後以單車進終點，非常不一樣吧！

賽事由交通部觀光局東部海岸國家風景區管理處舉辦，比賽日通常選在 6 月，項目包括鐵人三項（泛舟 11 公里，路跑 12.6 公里，自行車 44 公里）、鐵三角和鐵人兩項（泛舟＋跑步）。泛舟八人一組，可以自己組隊或由主辦單位安排，起點是花蓮縣瑞穗鄉秀姑巒溪遊客中心，因為是在夏季，就算早上六點半出發也不會冷。

泛舟起點在瑞穗秀姑巒溪遊客中心，往下游划，經過大約一兩小時的激流搏鬥，終點及 T1 轉換區位於奇美休息站；跑步則是深入山區部落的瑞港公路，由於是山路，遮陰很多，熱度不至於造成太大問題，只是上上下下的丘陵地形實際上感覺比 12.6 公里多更多，這點比較有挑戰性。好在沿途有熱情原住民們的加油聲和美景，跑起來相當舒服暢快。

T2 轉換區位於壯觀的新長虹橋，在這裡踏上腳踏車，沿途欣賞台 11 線壯闊的風景，一邊是海岸山脈、一邊是太平洋，平路騎起來神清氣爽，還可以飆一下速度。到長濱鄉後右轉，開始一段約 2-3 公里的長直上坡，這段難度十足，因此配速很重要，不能一次榨乾體力，到達山頂後折返下山，並原路騎回新長虹橋進終點。雖然第二、第三項跑步和騎車的時間通常太陽很大，但跑步賽道遮陰足夠、補給站多，最熱的騎車時段有海風吹拂，所以只要水帶夠，整場比賽都是很享受的。

▌一場比賽 N 種驚喜

秀姑巒溪國際泛舟鐵人三項競賽最具特色的莫過於泛舟，這是團體項目，船上每個人都至關重要，泛舟的名次也直接影響跑步一開始的名次，所以泛舟越快完成，跑步越有優勢。

無論多順多快，你一定會落水！

根據我的經驗，除了個人體能外，有個厲害的領隊是一大關鍵，像阿士羅威士是我們的舵手，他能藉由觀察水流和地形調整船的行進方向，避開漩渦和障礙物，帶領整艘船走最順最快的路線。此外，團隊默契和彼此配合也很重要，船上隊員隨時要依據水道的變化調整划槳的力道和方向，有時甚至要變換座位，因為船兩邊的重量要平均，才能保持平衡不翻船。

說到翻船，我 2013 年第一次參賽時，就在一個高低大落差翻船了。當時我們遙遙領先其他艘船，但划到一半，船的方向因為水流帶動，往側邊朝前 180 度的方向，落差大約半公尺高，我們就這樣被船蓋在水底，瞬間眼前一遍漆黑，只聽得到隊友的呼喚聲和一點點船艙的空間呼吸。當下著實嚇了一跳！但我馬上冷靜下來並找到最近的出口，潛下水後再冒出水面，瞬間眼前一亮豁然開朗，再看一眼，幾位隊友還被沖到下游。雖然如此，我優秀的隊友們仍迅速就定位並繼續前進，不讓其他船有追上的機會。

另外一次，印象最深刻的是隊友林群馨可能划太認真了，竟然划一划整個連人帶槳從船頭掉下水。更神奇的是，船繼續前進不到兩秒時間，掉下水的群馨竟然被在船尾的阿士撿起來，再將他拋回船上，完全沒有浪費時間回去撿人。神奇的默契也讓我們再次以第一名之姿進入轉換區。

泛舟雖然很有趣，但其實相當累人！尤其是上半身的肌耐力和核心肌力簡直炸裂，接近兩小時不停划槳，加上比賽競爭時的腎上腺素爆發，一路下來幾乎是用八、九成力量去划，划到中間感覺腰都快斷了，並不如想像中團隊競賽會比較輕鬆。

照自己的配速跑，不要爆掉！

泛舟結束後緊接著 12.6 公里路跑，一下船大家各奔前程，各自為自己的獎金努力。在 T1 轉換區，因為我泛舟時已經穿好鐵人服和跑鞋在身上，所以沒有所謂轉換流程，不過起跑時全身是濕透的，好在東部的太陽相當熱情，跑著跑著很快就乾了。

因為路跑賽道是上下起伏的丘陵地形，加上還要騎 44 公里單車，我的跑步項目採保守策略。尤其下坡時對大腿的肌力消耗特別快，常常不小心衝太快，不知不覺股四頭肌就硬掉了，造成騎車項目沒辦法正常發揮。

起跑時，由於剛完成泛舟這項高強度的上半身運動，身體肌肉還沒轉換過來，但為了不辜負現場熱情加油的觀眾們，即使心跳飆高、呼吸急促，還是盡可能地跑快。直到轉過彎後，周遭瞬間安靜下來，剩下美麗的山景和蜿蜒的山路，還有跑在一起的汶娟。

汶娟游泳速度比較快，通常在一般鐵人三項比賽游泳完是看不到她的，但這場她就沒有優勢了。我可以感覺到她想盡量跟著我的速度，但她的呼吸聲聽起來有點勉強，我趕緊跟她說要照自己的配速跑，不要爆掉了！大約 5 公里後她就放慢速度，剩下我一個人獨推。

氣溫逐漸升高，跑起來也越來越吃力，好險補給站很充足，每一站我都放慢速度，把水和食物補好補滿再出發。最令人印象深刻的是，沿路有很多原住民剛好在我跑累想偷懶時熱情地為我加油，讓我精神大振，奮力邁向 T2 單車轉換區。

在壯闊海景下迎向勝利

踏上單車後，補給品和水分下肚，踩著輕快齒比讓剛跑完步疲勞的腳恢復活力，並適應接下來的騎乘。單車賽道在依山傍海的台 11 線，直去直回、南下北上。我大概早上九點開始騎單車，這時太陽已高掛天上，炎熱當然可以想像，還好旁邊就是太平洋，海風吹走多餘的熱度。

　　到達單車折板點長濱鄉，挑戰其實才真正開始。右轉馬上接連續兩公里緩上坡的金剛大道，這條上坡一路上都沒有遮蔭，也沒有平路或下坡，雙腿就像被溫水煮的青蛙一樣，越踩越痠。看著自己的碼表速度越來越慢，想快也快不起來，只好告訴自己：「山頂快到了，再多踩幾下就到了！」

　　正當快喘不過氣、雙腿即將硬掉的時候終於到達山頂，心裡小小給自己幾聲喝彩，開始快樂地下坡下山。要注意的是，這段下坡比較陡又有急轉彎，路旁還有住家，隨時都可能有居民騎單車、摩托車，或是狗狗衝出來，所以下坡也別衝得太高興，提高警覺安全為重。

　　回程路上我騎在靠海的一側，可以近距離欣賞壯闊的海景又比較順風，還可以跟迎面而來的選手打招呼，感覺輕鬆多了！在這輕鬆的氛圍下，我終於完成最後 20 公里，以勝利之姿迎向終點。

1. 謝伯韶以勝利之姿騎向終點
2. 賽事以好玩刺激的泛舟取代緊張競爭的游泳項目
3. 上岸後小跑步至轉換區，邊跑邊換裝
4. 2015 年參加世界警消運動會，與當地孩童合影
5. 出社會後謝伯韶開始接觸馬拉松，常和「赤腳大仙」父親謝天任一起練跑
6. 近期開始接觸自由潛水，愛上海洋的懷抱

▋「赤腳大仙」父親影響　從小成為鐵人賽常勝軍

我從小就被父母養成愛運動的好習慣，參加過校內桌球、羽球和跆拳道校隊，但我最愛的還是游泳、單車和跑步。小學一年級開始學游泳並加入泳隊，也參加過好幾次小鐵人，當時矮小的我屢次獲得第一名，跌破眾人眼鏡。進入中學後，即便課業繁重，我還是沒放棄我最喜愛的運動，每天放學第一個衝出校門，不是去游泳就是跑步，假日和一樣喜愛運動的父親「赤腳大仙」謝天任騎單車。

出社會後我開始接觸馬拉松，常常和愛赤腳跑超級馬拉松的父親一起練習，讓我的跑步成績進步了一大截，也在畢業後第一場標準鐵人「2012台東活水湖 51.5KM 國際鐵人賽」，拿到女子總冠軍，從此愛上鐵人三項。

因為工作在台北，有幸認識 Waypoint 鐵人工廠工頭及工人們，使我的鐵人三項訓練更完整。此後，我幾乎每年都參加至少十場國內外大大小小賽事，包括 25.75、51.5 和 113 公里等距離項目，鐵人三項協會的比賽、Challenge Taiwan 和 IRONMAN 也都有我的身影。

2013-2019 年，我代表台灣警察參加世界警察消防運動會，連續四屆得到鐵人三項冠軍，也三次被選拔代表台灣赴大陸及菲律賓參加亞洲盃。同時，在 2012 普吉島 IRONMAN 70.3 與世界各國好手競爭，拿到分組第一；2015 年在台東拿到 IRONMAN 世界錦標賽資格，並於 2016 年在澳洲美麗的布里斯本，與來自世界各地的好手競爭，感受到自己的渺小。

除了鐵人三項，我也熱愛斯巴達障礙賽，自從 2017 高雄旗津斯巴達初體驗後，2019 年正式挑戰斯巴達菁英組，在東亞區系列賽取得女子菁英組總排第四名，獲得參加位於美國加州 Taho 湖的斯巴達世界錦標賽資格。

最近開始接觸自由潛水，深深愛上海洋的懷抱。長期運動不只帶給我健康的體態，讓我更有自信，運動本身對我來說就是快樂泉源，解除生活壓力和煩惱。我總認為，開心時要運動，不開心時更要運動！

▌訓練心法

因為平日忙於工作，能訓練的時間不多，只能趁下班時間或週末運動，也因此我更珍惜每一次的練習。

我的賽事以標鐵51.5和超半鐵113為主，訓練也是針對這兩種距離做準備。雖然我沒有固定的課表，但其實有效率的訓練一個小時就夠了，一週下來平均有三次跑步訓練（包括輕鬆跑、節奏跑和間歇跑），兩到三次游泳訓練（一次跟團練，兩次自己玩水、抓水感、放鬆游）；單車則是假日一次長距離外騎和週間一次訓練台，高強度又省時。另外，每週一到兩次肌力訓練，一週或隔週安排一次全身按摩，放鬆肌肉和心情。

訓練和運動是我工作以外的興趣與放鬆管道，因此我沒有多給自己額外的壓力去追求成績，樂在其中才是長久之道。

謝伯韶熱愛斯巴達障礙賽，曾獲得參加斯巴達世界錦標賽資格

備賽攻略－秀姑巒溪國際泛舟鐵人三項競賽

◆ 個人能力

耐熱訓練：這場比賽在夏季舉行，通常每年都出大太陽，所以賽前建議可以做幾次耐熱訓練，例如在中午大太陽下慢跑三十分鐘或者騎車一小時，強度不用高，有氧即可，主要是訓練身體對高溫的適應力。

上半身及核心肌力訓練：一個多小時不停泛舟很需要上半身與核心的肌耐力，雖然是順流而下，中間仍有很多水流緩慢，需要特別出力划的地方；除此之外，對抗激流讓船穩定朝前，更需要足夠的肌力。賽前可以多做一些背肌和核心的肌力訓練，例如滑輪下拉、划船和棒式。

培養基本激流救生技能：雖然這場不會游泳的人也可以參加，但不代表你不會碰到水，尤其溪流比湖泊或海水等一般開放水域更湍急，暗流、泫渦和水裡的岩石都有潛在危險，所以要具備基本的水上救生技能。

路跑山路訓練：路跑路線是上下起伏的丘陵地形，所以跑起來會覺得比實際還遠，賽前足夠的山路訓練可以幫助你順利完成路跑賽段。

◆ 裝備

補給：泛舟時記得在船上放幾罐水，一個多小時的泛舟需要補充水分。跑步可以塞兩三包能量包在口袋，中間補給站也別放過。騎車裝滿兩罐水壺，一罐水一罐運動飲料，車上則放四五包補給品。

三鐵車：這場單車路線幾乎都是平路，雖然有風，但不會從四面八方亂吹，所以建議以三鐵車上陣。像 Liv 的 AVOW 系列就是性能非常優秀、舒適性和速度兼具，適合這場比賽的三鐵車。

服裝：長袖或短袖三鐵服，沒有三鐵服可以穿排汗的緊身運動服。鞋子選擇上，有人泛舟穿拖鞋，到轉換區換跑鞋；筆者經驗是，直接在泛舟前就穿上排水透氣的跑鞋，這樣能省去換鞋的麻煩，也可以在泛舟時保護腳。此外，在豔陽下戴太陽眼鏡是必備，像 ZIV 1 運動太陽眼鏡配備全天候變色片就是我的最愛，從晴天到陰天一鏡到底。

愉快的心情：來到好山好水的花蓮，最重要的當然是心情愉快！這場比賽除了緊張的競賽氣氛外，更重要的是賽道沿路欣賞優美風景，比完賽更要到花蓮市區吃美味的在地小吃，補回比賽消耗的能量。記得多留點時間享受東部悠閒的氛圍，一趟下來保證你身心暢快！

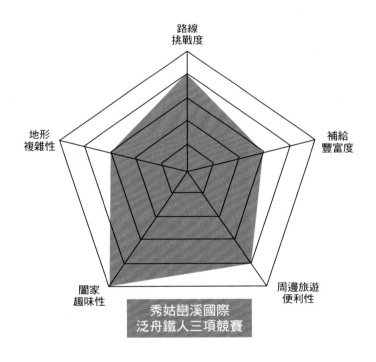

FINIS

HING

不同角色衝過終點線

（圖片來源：don1don）

與大家一起出發
一起回到終點

看著每一個參賽者踏過終點，汗水滑落帽沿的狼狽模樣，
都令我想舉杯向他們致敬

2020 IRONMAN 70.3
Taiwan, Taitung

林澤浩
Renny

14

Profile

現職
LAVA 台灣鐵人三項公司 董事長

人生初鐵
2001 澎湖國際鐵人三項賽 51.5 標鐵組

主要比賽經歷
2011 日本宮古島鐵人三項賽
2018 IRONMAN France
2019 IRONMAN Tallinn
2020 LEXUS IRONMAN 70.3 Taiwan 台東站

2020 IRONMAN 70.3 Taiwan, Taitung 這場比賽，可以說是我歷年參加過的賽事中感受最為深刻的，因為我非常想體會，跑在自己所規劃的賽道是什麼感覺。

▎IRONMAN 70.3 Taiwan 的賽道演變

台東，有著寬闊乾淨的活水湖，綿延數百公里的海岸公路以及欣欣向榮的黑森林公園。這片台灣的淨土，每年都有數場大型鐵人三項賽事在此舉辦，讓台東坐擁「鐵人故鄉」的稱號。

2016 年 IRONMAN 70.3 Taiwan 從墾丁移師台東，游泳項目以活水湖為主要場地。2017 年起為提高自行車項目安全性，以全封閉賽道為目標設計，封閉中華大橋北端（富岡加油站）至北太麻里橋（北端）南往北向靠海線雙線道，讓選手不用再跟汽機車爭道。2017 年自行車賽道單圈 45 公里，共繞行兩圈；2018 年賽道再往南太麻里橋延伸，單圈 90 公里；2019 年改回至北太麻里橋，再延伸至 197 縣道和利吉惡地，單圈 90 公里。

2020 年回到與 2017 年相同的賽道設計，增加游泳項目 RollingStart（定時出發），以時間間隔換取選手有更大的賽道競技空間；路跑項目則規劃在台東森林公園與馬亨亨大道上，單圈約 10 公里，繞行兩圈後，選手將在加油群眾與親友的歡呼聲中，進入位於台東森林公園的終點線。

▎跑在自己規劃的賽道上

2020 IRONMAN 70.3 Taiwan, Taitung 讓我終於能體驗跑在自己規劃的賽道上。尤其是自行車賽道，不僅因為自行車賽道由我設計出來，更因為是全程封路！我在台灣比了那麼多年，從來沒有比過封路的賽道，所以去年我對這場比賽的騎乘經驗印象非常深刻。

最後一項跑步賽道也是由我親自規劃，無論是自行車或跑步，有機會去體驗自己設計的賽道，那種感覺跟參加其他比賽非常不一樣。可以在自

己規劃的比賽讓大家幫你加油，感覺很爽！畢竟以前都是我幫別人加油。

一起出發、一起回終點

比賽當天非常熱，雖然開賽時清晨還有些許涼意，但接近中午氣溫高達 27 度，在艷陽下跑步、騎車，太陽直接照在每一位鐵人汗水淋漓的肌膚上，相當辛苦。但也因為過程艱辛，所以跨過終點線的那一刻，真的非常開心！

跨過終點後，我沒有立刻離開，而是坐在終點後的椅子上邊喝啤酒，邊看著每一位參賽者陸續回到終點。那時我深刻體悟到，自己從賽務執行轉變為參賽者，除了親身感受選手的辛苦之外，我也成功履行了自己與大家的承諾：「與大家一起出發，一起回到終點！」

比完成一場比賽更開心的，莫過於大家都給了這場比賽相當棒的回饋感想。不過，沒有一場比賽是百分之百完美的，例如這次的路跑賽段繞進台東森林公園，雖然很有新意，但仍有許多改進空間，而在單車路線上我認為有 90 分的程度。

把每一場比賽辦好，給選手們一個自我考驗的機會，給他們辛苦卻又歷久彌新的回憶，這是鐵人公司一直以來努力的方向，為此，夥伴們都是盡心盡力的。看著大家踏過終點，汗水滑落帽沿的狼狽模樣，每一個參賽者，都令我想舉杯向他們致敬。

從主辦轉換成選手 親身感受每一個賽道細節

2020 IRONMAN 70.3 Taiwan, Taitung 我能夠下場比賽，其實也代表我非常信任自己的團隊已成熟穩定，我不需要擔心會有任何事情影響比賽的心情。從主辦方轉換成選手，心態上反而輕鬆許多，因為不用照顧到那麼多人，我只需要擔心自己能不能完賽就好了（笑）。

轉換成參賽者的立場，我可以提供團隊不同的觀點，例如游泳開賽鳴槍時，選手並不會在舞台前面，更不會去注意到舞台上有什麼活動正在進

行；另外，當自己成為選手之後，我發現真的很喜歡 Rolling Start，這個下水機制大幅減少選手在池中擠在一起的風險。

第二個我覺得需要檢討的地方是轉換區。實際參賽的經驗讓我感覺轉換區太過擁擠，包括更衣帳、選手動線並非如此理想。雖然我們團隊在賽前做了很多次的調整，但現場仍有許多地方值得拿出來再檢討，而這也是在我親自下場參賽後，才能發現到的問題點。

最後，我親自跑過才知道馬亨亨大道很難跑！因為跑兩圈都是單一景色，讓選手彷彿看不到賽道盡頭，感覺更加孤獨與絕望（笑）。我建議團隊可以把馬亨亨賽段縮短，增加台東公園的里程數，跑公園的好處是，公園內的路不是直線，周遭景色會跟著變化，有湖景、植被樹種也不同，雖然有人說跑在公園裡像迷宮，但我反而喜歡迷宮，至少不會無聊。

這讓我想起一直以來都很喜歡的 IRONMAN Taiwan 澎湖賽道，那場路跑賽道也是由我設計，真的像是迷宮一般。記得前年在 226 賽場前一天，我先下場比了一場 51.5，一圈 10 公里跑起來我覺得滿爽的，因為永遠不知道下一步會往哪邊轉彎、不知道等一下會遇到誰。澎湖路跑賽道特色是完全沒有邏輯的轉彎方式，你剛剛遇到這個人，不代表你等一下折返還會看到，而這就是我一直想規劃的賽道模樣。

從一把冷汗到甘之如飴

回過頭看 IRONMAN 70.3 Taiwan 這幾年，印象最深刻、也最困難的是第一屆。那一年，另一個賽事單位同天也在墾丁辦了一場 51.5，為了申請路權、活動地點等，我在墾丁悠活渡假村住了兩個月，直到賽前幾個禮拜才真的拿到賽事路權，確定可以如期舉辦。當時情況很緊急，回想起來自己都捏了一把冷汗。

第二屆籌辦過程相對順利，但到了第三年由我們自己剛成立的團隊初次上陣，在團隊經驗不足的情況下，賽後受到許多批評，我們也都虛心接受所有的指教。這一路走來固然艱辛，卻也甘之如飴。

1. 比賽結束後選手們開心地開啤酒慶功
2. 因為 113 公里過程艱辛，在跨過終點線那一刻 Renny 非常開心
3. 職業選手完賽後，Renny（左）與前三名選手合影
（本頁圖片來源皆為：don1don）

▎一場美麗的意外

高中時期，同學在完成鐵人三項之後跑來跟我炫耀，這像一顆種子激起我也想完成一場鐵人賽的決心。出社會後，我報名了我的第一場鐵人三項賽，賽場位於澎湖，當時我根本不知道從何準備與訓練，所以對那一場的印象只有⋯非常累！

至於之後為什麼會投入舉辦鐵人三項賽事經營？可以說是一個「意外的驚喜」。2010 年，我協助當時的騎士協會理事長陳春發，幫忙他與 IRONMAN 總部溝通，從中英文翻譯到接洽各項事務，然而，陳春發理事長最後決定收手，一連串陰錯陽差，讓我與這個美麗的「意外」相遇，並在陳理事長收手後攬起賽事的籌辦工作。

俗話說「愛到深處無法自拔」，套在舉辦賽事上亦復如此，有第一場就有第二場，越陷越深⋯。當時我們一年只辦那一場比賽，所以賽事團隊都是請外包公司負責，直到舉辦完第二屆之後，我意識到，如果將賽事工作外包，那舉辦賽事的經驗與技術很難留在自己手上，所以自此開始逐步規劃與籌組自己的團隊，「LAVA 台灣鐵人三項公司」也就此誕生。

2020 年，IRONMAN 70.3 Taiwan 正式邁進第 11 年。11 年前，我在墾丁南灣舉辦第一屆賽事，11 年過去，IRONMAN 70.3 Taiwan 已經成為台灣鐵人運動界的第一指標！這一路走來儘管充滿挑戰，不論外界的評價如何，我仍為此感到相當驕傲。

幸運的是，當初有如一張白紙的團隊，到現在已長成能夠獨立運作，甚至可以將主導權放心交給鐵人公司團隊的總經理鄭世奇，於是我在去年 IRONMAN 70.3 台東已經完全放心地退居第二線。我相信，單打獨鬥並不能改變世界，而是透過傳承與接棒，一定可以把 IRONMAN 70.3 Taiwan 經營得更好。

▎訓練心法

我的訓練邏輯很簡單，就是訓練盡量安排在週五六日一，一方面這四天比較沒有應酬（笑）；另一方面不僅規律，也更可以掌握自己的時間安排。

以前大多時間都是獨自一人訓練或跑步，但近期已經準備要加入跑團，向更專業的跑者學習跑步這件事。在這之前，並沒有特別去實施一個所謂「完整的課表」，而是有多少時間，就為自己安排多少訓練。會這樣做的原因除了相對時間較彈性之外，我認為好的訓練，並不等於找一位金牌教練、吃一個金牌課表；而是這份課表的時間與訓練內容適不適合你自己。

因為工作忙碌，我擅長利用瑣碎或通勤的時間進行訓練，例如早些年在大陸工作時，我會騎腳踏車上班，單趟距離約四十公里，或者直接騎單車到機場。自行車對我來說不只是交通工具，也是一種運動兼娛樂的方式。現在，我則經常從中和跑步約七公里到台北上班。

我始終相信，訓練只要持續就會進步。因為熱愛鐵人三項運動，所以願意維持規律訓練；從另一層面來看，如果我今天不訓練，不是一名鐵人，我可能就會失去想要舉辦比賽的動力。

這麼多年來，身為賽事主辦方，我理解到要辦一場好的比賽，營運者本身最好是一名選手，而且需要持續活躍地在這個圈子裡。大家可以觀察一下，目前 IRONMAN 菲律賓、IRONMAN 越南的主辦單位，其實都有這項運動的相關參賽背景。我們都是因為興趣而投入其中，因此才能時時刻刻站在選手的立場去替選手思考，對賽事也才會有感情。

備賽攻略－ IRONMAN 70.3 Taiwan, Taitung

◆ 活水湖相對其他海域是較容易的賽道，不但水質清澈見底，兩邊與前側都有樹木和階梯可供定位。由於 IRONMAN 70.3 採取定時出發（Rolling Start），開賽時的大亂鬥狀況不會太嚴重，選手下水後可依照自己的配速穩定前進，一開始稍微加快划頻，經過 200-300 公尺之後，就可以回到正常划頻穩定前進。

◆ 113 公里，也就是 70.3 英里的賽段中，自行車建議功率配速為平均功率 80%-85% 之間。訓練紮實一些的選手，可以選擇採用比較積極的 85% 來爭取時間，訓練不足的就稍微放慢一些，甚至可以降低到 75%-78% 左右，順順完成騎車賽段。

◆ 跑步路線是繞著森林公園與馬亨亨大道跑兩圈，路線大致平緩，而且有一些樹蔭遮蔽。這裡最大的挑戰想必不是路線，而是九月中旬台東熱情的豔陽。選手跑步的時間大致都會落在早上十點至中午時分，溫度通常會升高到 33-35 度，對於已經有點疲憊的選手來說，如何克服高溫而把跑步完成是最大的關卡。

一般來說，113 賽事的跑步配速會建議維持你的全程馬拉松配速，不過炎熱天氣下需要保守一點，因為氣溫會越來越高。你可以觀察一下自己的心跳維持在 Z3 區間，當飆高到 Z4 就應立刻降速，以免提早爆掉。

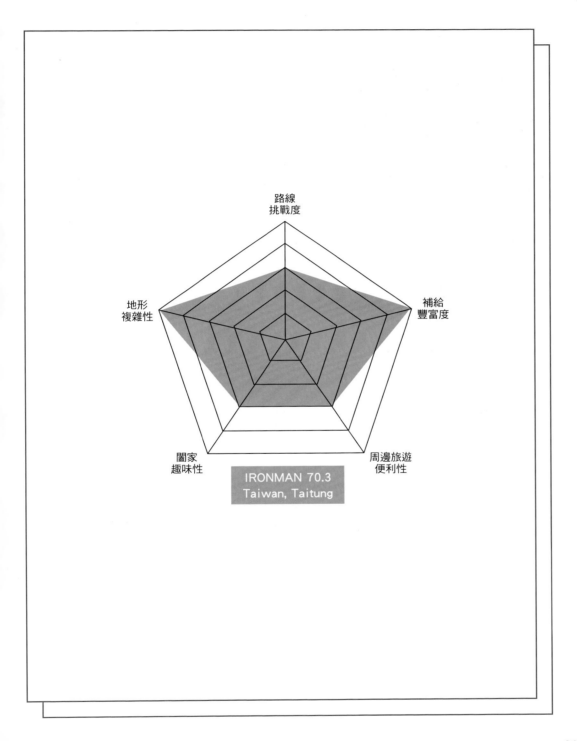

手牽手，
全家人一起過終點線

鐵人運動讓家人用另一種形式結合在一起，
當全家人手牽手一起越過終點線的那一刻，一切疲勞都化為喜悅

2020 WeFight
墾丁國際鐵人三項賽

黃柏青
柏青哥

15

Profile

現職
焦耳極限訓練中心總教練
台灣追不到鐵人三項休閒運動協會副理事長
動一動運動專欄作家

證照
USAT Level 1 Coach / 美國鐵人三項協會認證教練
USAT Level 2 Endurance Coach / 美國鐵人三項協會
認證長距離二級教練
IRONMAN Certified Coach / IRONMAN 認證教練
Peaks Coaching 功率認證教練
NSCA CPT 美國肌力體能認證私人教練

主要比賽經歷
2010、2011 台東 226 超級鐵人賽
2011 日本五島 226 超級鐵人賽
2012、2018 日本皆生超級鐵人賽
2014 日本佐渡島超級鐵人賽
2016 日本宮古島超級鐵人賽
其它海內外鐵人各種距離賽事超過 70 場

人生初鐵
2008 宜蘭梅花湖半程鐵人賽

在國內參加過這麼多場鐵人賽事，我最愛的場地是墾丁。墾丁的熱帶風情、無敵海景以及悠閒的氛圍，早已是觀光客的最愛，每次來到墾丁就有出國度假的感覺，更不用說能在這樣的場地比一場鐵人賽，絕對是人生一大享受啊！

▌攜家帶眷參加 WeFight 體驗最硬斗的歡樂

在墾丁歡樂的度假氛圍中，「WeFight 墾丁國際鐵人三項賽」在此舉辦，成為一場國內相當具特色的賽事。主辦單位跟 Challenge Taiwan 同一間公司，他們舉辦賽事的特點就是歡樂氣氛以及滿滿誠意的贈品。最重要的是，這場賽事有多種不同距離可以選擇，還能夠讓全家人同樂！

比賽項目包括 113 公里半程超鐵、51.5 公里標準鐵人、小鐵人、小小鐵人。為了參賽日下午能在現場看孩子們比賽，我選擇報名了 51.5 公里標準距離賽事，並且幫兒子報名了小鐵人，小女兒則參加小小鐵人距離。

小小鐵人賽是 WeFight 賽事非常有特色的一個項目，因為 3 歲以上就可以參加，當然不是要這麼小的孩子下海游泳，而是讓他們小跑步在沙灘踏浪之後，再騎上 Push Bike 前進 500 公尺，接著慢跑 500 公尺，讓孩子體驗鐵人三項的樂趣。

除了有小孩能下場同樂的項目之外，WeFight 賽事最特別的地方，就是賽道難度很高，跟國內其他賽事有很大的差異。國內許多鐵人可能習慣像活水湖這樣，自行車與跑步都是平路的賽道，不過如果出國比賽，不少賽道都含許多山路，挑戰性相當高。

在此說明各項賽道的特別之處。游泳賽段是在墾丁著名的小灣沙灘，說小灣是國內鐵人賽事最美的游泳賽道一點都不為過，不僅擁有細膩柔軟的白沙，海水也相當清澈。因為地形關係，小灣的海浪通常不會太大，可說是國內鐵人們絕對不能錯過的優質游泳賽道。

自行車賽段首先往南，經過台灣最南端的鵝鑾鼻公園，之後往北，前往落山風強大的風吹砂下滑並且折返。此路段看高度圖就知道挑戰性相當高，標鐵 51.5 騎程 40 公里爬升近 400 公尺，113 要騎兩圈因此爬升約 800 公尺，對選手的腿力是一大考驗。不只如此，更有挑戰性的是「風勢」，墾丁風勢一向不小，而且賽道經過每天風都很強的風吹砂路段，挑戰著選手的控車能力。

當你完成難度頗高的自行車賽段，雙腿已經微微顫抖，以為這樣就結束了？當然沒有這麼簡單！路跑賽段即使只是標鐵 10 公里，出轉換區不久就要面對無情的連續 4 公里上坡，從平緩的墾丁大街一路跑上標高約 220 公尺的社頂公園，才能折返回終點。

自行車賽段才剛爬完許多上坡，接著跑連續上坡是非常折磨人的事情，對於 113 選手來說考驗更是嚴峻！因為上了社頂公園還不夠，必須下坡跑往船頂路再返回，21 公里路程爬升四百多公尺，對體能和意志力都是很大的考驗。

▍不要忘記，這一切都是你自找的！

我在賽前一天抵達墾丁報到時，就發現風勢異常強大，可以想見隔天騎車一定是一場硬戰。原本擔心海浪也很大，是不是海泳會取消呢？到會場詢問之後，工作人員表示雖然風勢很強，不過小灣看起來並沒有大浪，因此游泳應該不用擔心。雖然覺得有點怪怪的，不過還是安心地去休息了。

與無情小碎浪搏鬥

比賽當天，113 選手先於六點三十分下水，標鐵選手則七點三十分下水。當我七點左右抵達游泳場地時，發現每位 113 選手上岸都唉唉叫，因為海浪很大超級難游！不過從岸上遠觀的確浪不大。

我特地走到沙灘詢問工作人員，才知道岸邊浪不大，但是出去約兩百公尺之後就會有大浪，因此大會也緊急宣布標鐵選手游泳縮短距離為 550

公尺游兩圈，總共只要游 1100 公尺即可。許多游泳見長的選手都紛紛表示不平，因為這樣他們就失去領先優勢了。

這次游泳賽道是逆時針方向經過兩顆浮球，路線呈倒三角形，我從右側出發避開人群，果然下水後的前面兩百公尺浪不算大，但是到了接近浮球時，開始覺得有人在我臉上潑水，心裡正想著是誰這麼煩做這麼無聊的事？左右看看才發現是海面上激起無數的小碎浪，只要手抬起來，就可以感覺到空氣中強勁的風勢把海水吹拂起來，好似有人在一旁灑水。

我以前游過幾次浪比較大的場域，也沒遇過這樣的小碎浪。這個浪態對於換氣是很大的考驗，因為嘴巴一出水面就一直有海水灌進來，而且雜亂的浪也影響選手定位視線。到了第一顆浮球附近就開始有幾位選手呼救，情勢非常緊張。

我無暇幫忙救人，慢下來用蛙式看一下前方，發現很多選手游的方向都不大一樣，左轉後與刺眼的陽光正面對決，根本看不到浮球位置。還好我下水前已經先觀察兩側的山景與建築物方位，只能朝著大致的方位，跟著前方選手前進。

好不容易游完第一圈，雖然只有 550 公尺，卻有如游了 1000 公尺一樣累。跳下去再跟小浪花搏鬥第二圈，聽說救生艇已經救了不少選手上來，看來第一個項目游泳已經是大魔王等級的關卡。

頂著大逆風考驗控車能力

跟大浪搏鬥完，再來就是最令人擔心的項目 — 跟強風搏鬥的自行車賽段。原本我訓練都是騎三鐵車，但是顧慮到上下坡與風勢影響，決定還是採用比較不熟悉的公路車上陣。

早晨八點多氣溫是相當舒適的 24 度，我在逐漸露臉的陽光下，沿著墾丁美麗的海岸往南騎乘，心情非常暢快。在逐漸露臉的陽光下沿著墾丁美麗的海岸往南騎乘，心情非常不錯。不過此時提醒自己千萬不能拉高強度，

因為前進大約 5 公里平路之後，即將面對連續 5 公里的爬坡路段。爬坡段開始，選手們的速度逐漸變慢，隨著高度提升到接近鵝鑾鼻公園時，可見美麗的海景映入眼簾。但是這時候大家都沒辦法專心看風景，因為風勢變強，一陣陣的逆風與側風不斷襲來，雙手必須緊抓著把手，壓低身體穩定車子才不會被吹倒。剛剛游完泳還在痠痛的肩膀與背部無法放鬆休息，即使很累也得全力抓著車子，否則恐怕隨時被吹到山下。

好不容易撐過了風吹砂到下滑路段，原本預計可以放鬆下滑，卻同樣因為強風，只能小心翼翼地控車下坡，真是考驗選手的控車能力！折返後，我取了一個水壺，因為天氣涼爽，騎 40 公里其實不用喝太多水，一個水壺已經綽綽有餘。回程同樣要再經歷一次強風逆襲，以及再一段連續 5 公里的爬坡，完全無法放鬆，真是非常有挑戰性的賽道啊！

烈日下的無窮盡上坡酷刑

自行車段最後經過一個 5 公里平路就回到轉換區，此時墾丁的太陽逐漸炙熱起來，溫度從 24 度提高到 30 度左右。提著有點發軟的雙腿開始邁出最後的 10 公里。標鐵最後的路跑段大家都是卯足全力加速前進，但是想到等一下還要面對連續 4 公里多的上坡，開始的 1 公里平路還不能太衝，就當作熱身，保守前進。

跑了約 1 公里後遇上往社頂公園那段彷彿無窮無盡的上坡，加上炎熱的天氣，根本不可能加速，能夠維持不當步兵就很厲害了。剛剛才經過有難度的游泳與騎車路段的折磨，立刻迎來連續 4 公里上坡，根本是個酷刑！只好想想 113 選手跑的坡比我多兩倍，心裡感到相當慰藉。

雖然希望自己能全程用跑的，不過上坡到約 4 公里處，還是受不了停下來走了一小段。大會很幽默地在賽道旁邊放了幾個激勵選手的標語，像是：「地球或是太陽都不是宇宙的中心，你才是！」、「不要忘記，這一切都是你自找的！」，當你上坡喘得要死還看到這些標語，絕對只想罵髒話而已，大會主辦人真是很會整人啊！

說實在，報名鐵人三項賽事一切的痛苦都是自找的！明明可以選擇假日在家睡到飽，然後起床悠閒地看看報紙吃個早餐。但我們鐵人選擇的竟然是花錢報名賽事，一早到海裡跟一群人拼命，接著在落山風的襲擊下，冒著被吹到山下的風險猛力騎乘，再抱著疲憊不堪的雙腿、頂著大太陽跑上山坡，即使雙腿都快抽筋還是要努力跑上那遙不可及的折返點。有時候也不知道到底是為什麼，也許就只是要發洩平日工作的煩悶情緒，或是享受那通過終點時片刻的驕傲與喜悅吧！

終於，跑到約 5 公里處社頂公園折返點，也終於完成那要命的上坡段，接下來就是我最擅長的下坡路段，趕緊加快速度追擊前面選手，用最快的速度往終點狂奔去。

其實我在 2020 年 6 月開始就受到腳傷困擾，7、8 月份幾乎完全無法做任何訓練，肌耐力與速度都退步許多。只能依靠下坡的重力和一些跑步技巧讓自己速度拉起來。不過跑到 9 公里處雙腿已經快燒乾 ，速度也慢了下來，幸好此時距離終點所在的墾丁國小已經不遠，想想老婆、小孩都在終點等我，還是努力撐著一步一步往終點邁進。

抱著疲憊的身軀，眼看心愛的老婆與女兒身影出現在終點前，頓時一切的苦難似乎都煙消雲散，歡樂地跟家人一起手牽手通過終點線，就是 WeFight 這項賽事相當吸引我的地方！

▌小鐵人與小小鐵人的兄妹情

兒子今年升國二，他從小二開始跟我到處參加小鐵人比賽，因為年齡限制，這一年是參加小鐵人的最後一年。雖然兒子對鐵人三項沒有很大的熱情，也不想參加游泳隊或是田徑隊，不過每次幫他報名，即使表現得不大高興，每次也都能順利完賽，而且十歲左右就挑戰海泳，對大浪毫不恐懼地完成賽事，已經值得鼓勵！

這次的重頭戲是我們五歲的小女兒首次挑戰小小鐵人比賽，由於是第

一次，想當然爾，她對於比賽這件事很陌生也有點排斥，一直拒絕下場比賽。於是前一天晚餐時我跟她說：「明天妳如果好好把比賽完成，我就帶妳到便利商店買個大大的禮物喔！」原本一直拒絕參賽的她聽到有禮物，馬上很乾脆地說一定會好好完成比賽，果然小孩子還是比較好騙啊！

即使如此，一直不喜歡踩在沙子上的她無法排除賽前恐懼感，開賽後在沙灘上仍對著媽媽一直哭。不過多次勸導後，終於願意跟大家一起踏出第一步，順利完成第一項 100 公尺踏浪。

接著第二項是 Push Bike 推進 500 公尺，對於不到五歲的小朋友來說，其實最大的挑戰是要在轉換區自己穿襪子、鞋子以及安全帽，因此許多家長都著急地如同熱鍋上的螞蟻，想要衝進去幫小孩穿鞋。我們的小朋友坐在轉換區，用非常不熟練的技巧緩慢地穿著襪子與鞋子，最後還是工作人員看不下去過去幫忙了一下，才順利完成轉換區的工作。

這幾年 Push Bike 相關課程相當流行，因此可以看到許多小朋友穿戴著專業裝備，一上車就是往前一路狂奔。我們小朋友沒有受過這樣的訓練，其實我也很擔心她是否能夠順利騎完。

一旁已經完賽的哥哥，原本以為每天耍酷的他不會關心妹妹比賽，沒想到他從轉換區就一路跟著妹妹，在旁邊鼓勵著她。妹妹騎著 Push Bike、哥哥在一旁跑步陪她聊天，看到這一幕，我覺得這幾年讓他參加小鐵人比賽真是正確的決定。因為鐵人運動，全家人的感情可以有不同形式的交流，這一幕就是平常看不到的兄妹之情吧！

Push Bike 結束後，哥哥也陪著妹妹跑完最後 500 公尺，妹妹首次挑戰鐵人三項就沒有絲毫要放棄的意思，看她能跑完全程真的很令人感動。回憶起全家人一起完賽並且在終點合照的一幕，又是何等開心的事情！這是平常少有機會顯露的、最珍貴的親子家庭活動。

1. 2020 WeFight 墾丁國際鐵人三項賽事
   起點
2. 一陣陣的逆風與側風不斷襲來，雙手
   必須緊抓著把手，壓低身體穩定車子
   才不會被吹倒
3. 經過有難度的游泳與騎車路段折磨
   後，還要跑連續 4 公里的上坡
4. 一家大小完賽後，柏青哥與全家人在
   終點會場幸福合影
5. 五歲小女兒首次挑戰小小鐵人比賽
   100 公尺踏浪，對著媽媽哭花了臉
6. 哥哥在妹妹騎 Push Bike 時一路在旁
   陪著聊天

十三年未中斷的三鐵人生

2008 年第一場梅花湖半程鐵人賽，開啟了我的鐵人三項人生。至今十三年間沒有一年中斷過鐵人三項參賽，鐵人三項就跟每日的吃喝拉撒睡一樣，早已融入日常生活之中。

至今，曾參加過的鐵人三項賽事超過七十場，包含 51.5、113、226 以及其他各種距離。國內賽事幾乎都已參賽過，近年的重心則放在參加日本的鐵人賽事，已順利完成日本四大長距離鐵人賽事：五島、皆生、佐渡島與宮古島超鐵，也參加過中距離的宮島、湯原溫泉與北海道洞爺湖鐵人賽。此外，曾赴菲律賓蘇比克灣參加過 Challenge Philippines 與加拿大的 Challenge Penticton。

玩鐵人三項除了運動本身所帶來的樂趣以外，能夠到世界各地不同的水域游泳，在自行車賽段飽覽當地美景，用自己的雙腿實際踏過每一片土地，才是最難能可貴的人生經歷。

訓練心法

即使每天忙於工作、帶選手還有陪家人的緊繃生活中，能運用的訓練時間非常有限，我仍可以安排最短、最有效率的訓練方式。

一、每天早上六點以前起床，夏天進行晨泳，冬季則安排跑步約四十分鐘。
二、傍晚或晚上利用約一小時進行自行車訓練台，或是跑步的強度訓練。
三、週末的訓練以長跑為主。
 　僅管訓練時間不多，不過市民鐵人就是在有效率地規劃及運用的時間裡，讓家庭、工作之間取得平衡，鐵人生涯就能長久為之。

備賽攻略－ WeFight 墾丁國際鐵人三項賽

如果要挑戰像 WeFight 這樣難度較高的賽事，即使只是標鐵，都必須要做好萬全準備！不然保證比得非常痛苦。

◆ 海泳 ─ 適應海泳、加強鑽浪技巧

海泳跟一般安靜的湖水、泳池差別很大，因此除了在泳池加強基礎游泳能力之外，也必須安排事先進行海泳訓練。最重要的就是適應海浪的起伏，特別是剛出發時，我們常常會遇到比自己身高還高的浪席捲而來，這時候就必須採用鑽浪技巧順利穿過，而不是硬要往上游。換氣時也必須掌握海浪起伏節奏，利用身體在浪高時進行換氣，而不是在低點換氣，不然一定吃水。

更重要的是，要習慣在一望無際的海水中保持鎮定，以及尋找容易看到的定位點。這些基本技巧都要事前演練過幾次，才能順利通過海泳的考驗。千萬不要完全沒有下海游過就貿然挑戰這場海泳，危險性相當高。

◆ 自行車 ─ 公路車加低框爬坡輪

自行車賽段有許多上下坡，而且風勢異常強大，建議帶公路車加上低框爬坡輪，絕對不要用高框板輪，不然保證在風吹砂路段被風吹到山下！除非你的控車能力與自行車功率相當高，否則不建議騎三鐵車上場。

賽前，除了把自行車穩定輸出能力提升以外，訓練課表中也必須加入不同強度的綜合性課表。因為整個賽段中，你會經歷多次的加速、減速，另外受到風勢影響，也會被迫在某些路段特別出力。因此訓練課表除了基本的 Z3 至 Z4 強度之外，也要加入 Z5 區間的訓練，讓身體提前適應這樣的強度，才能避免在比賽中突然拉高強度而爆掉。除此之外，要常練習騎乘山路，訓練自行車轉彎、煞車等控車技術，並盡量在訓練中加入重訓，提升爬坡所需要的基礎肌力。

◆ 路跑 — 加強長距離上下坡的肌耐力與心肺

跑步賽段，由於爬坡路段不少，因此備賽期要多做一些跑坡訓練，而且要挑選連續上坡路段。一般來說我都會建議選手們挑選自家附近的短距離爬坡路線，坡度約 6%-10%，往上跑 200-300 公尺之後慢跑下來，強度大約是 Z3、感覺有點喘但是還能講話的程度，來回操作十五趟左右，加強上下坡的肌力與技巧。跑上下坡很忌諱跨大步方式，而是要盡量採用高步頻低步距，不但可以延緩疲勞的發生，也能避免雙腿受到太大衝擊而受傷。

當你已經適應上下坡來回跑的訓練，就可以去挑戰長距離的連續上坡路段。長距離上坡挑戰的是雙腿肌耐力與心肺能力，長下坡則是考驗下坡技巧，長下坡是跑步最容易受傷的路線，需要特別謹慎不要輕易加速。此外，也建議在自行車訓練之後接著做幾次跑坡的轉換訓練，讓身體提前適應如何使用痠痛的雙腿跑上山的感覺。

◆ 重點整理

1. 事先適應海泳，訓練鑽浪技巧。
2. 攜帶公路車加上低框爬坡輪，絕不要選用高框板輪。
3. 自行車訓練課表必須加入不同強度，如 Z5 區間的訓練，並常練習騎乘山路，訓練自行車轉彎、煞車等控車技術。
4. 多做坡度約 6%-10% 的上下坡訓練，往上跑約 200-300 公尺後慢跑下坡，強度約 Z3，來回操作十五趟。適應後可挑戰長距離連續上坡。
5. 跑上下坡忌諱跨大步，盡量採用高步頻低步距。
6. 在自行車訓練後接著做幾次跑坡的轉換訓練，讓身體適應使用痠痛的雙腿跑上山的感覺。

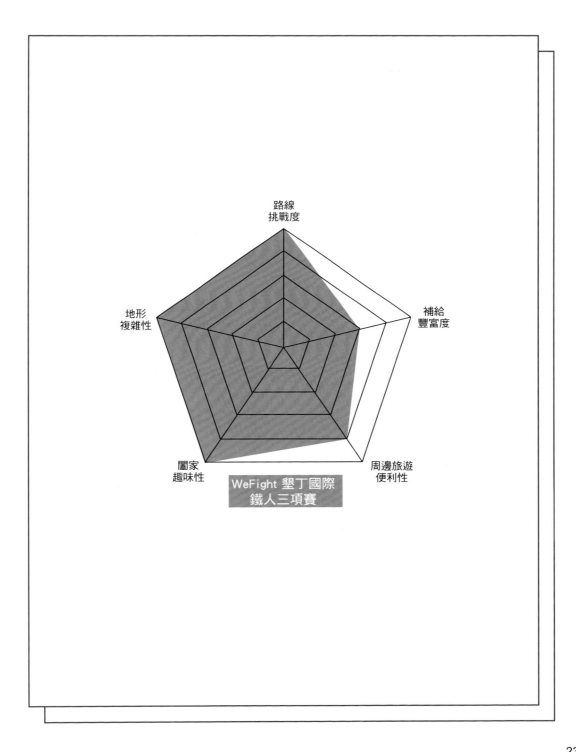

路線
挑戰度

補給
豐富度

地形
複雜性

周邊旅遊
便利性

闔家
趣味性

WeFight 墾丁國際
鐵人三項賽

助人成功衝線
比自己得冠軍更快樂

協助隊友穿回 2014 年自由車環台賽個人總冠軍黃衫，
讓我發現幫助他人成功，比自己得到冠軍更加快樂

Profile

現職

台灣鐵人賽事安全協會醫護鐵人

MORTOP 紅塵 Cycling Team 業餘運動員

諾壯 amino STRONG 運動營養專家

BiCYCLE CLUB 單車俱樂部國際中文版記者

耕莘青年寫作會作家

證照

台灣運動營養協會 CTSSN 運動營養專業認證

中華台北自由車協會 C 級教練

緊急救護技術員 EMT-1

出版經歷

《2019 關於單車，我說的其實是……》（聯合文學）

主要比賽經歷

2009 環花東國際自行車大賽 M30 第四名

2013、2016、2017、2019 戀戀 197 自行車公路賽

2014 彰濱工業區繞圈賽 M35 亞軍

2016 大鵬灣 24 小時單車馬拉松團體接力 冠軍

2017 LAVA TRI 鐵人三項標鐵混合接力 冠軍

2018 台南安平全國鐵人三項全程接力 亞軍

2019 捷安特嘉年華鐵人 M40 季軍

2019 輪羅台南二寮登山王 M40 冠軍

其他國內與海外各種距離公路自由車賽事超過 100 場

人生初鐵

2008 統一盃日月潭全程鐵人賽

「戀戀 197 自行車公路賽」的誕生，就是創辦人夢想辦一場有如世界知名「環法賽」的公路自由車賽，每年夏天，在他台東家鄉的家門口，看著車陣集團如侯鳥般南北遷徙。而「圓一個參加環法賽的夢想」，也成為我第一次參賽戀戀 197 的理由。

▍單車人的共同初戀

環法賽是全世界最知名的單車比賽，早先因為要增加體育報紙的銷量而創辦，自 1903 年至今已超過百年歷史，而當初那份報紙因為環法受到關注，銷量確實提升了。

環法賽是多日賽，共有 21 站，每年夏天舉辦的賽事已融入法國人的暑假生活中。單日賽的戀戀 197 有如環法賽其中一站，自 2009 年第一屆開始，逐漸滲入台灣單車人的運動生活之中，每年夏天一定回台東參加。當然，也包括我。

第一次參賽戀戀 197，我單純為了圓一個環法賽的夢想。就算穿著很泡又鬆垮的車衣，拚盡吃奶加洪荒之力，嘴角流著口水…不只可憐兮兮地掉到主集團尾巴，更要目送前面激烈搖晃的屁股當車尾燈；接著，騎到半路被海放得落花流水，看著三仙台滿懷不甘心與悔恨，只剩下與自己的汗為伍。這些已預料且實際發生的情景，都阻止不了我對戀戀 197 的嚮往。

某天在我日常練騎百 K 的途中休息，來自縣道 197 的隊友柏彥也分享了與我相似的初體驗。原來，戀戀 197 這是單車人的共同初戀，而我們都持續參加多次，賽前也都做足了各種訓練與軟硬體功課，像極了老派約會前大費周章地準備，即便每次約會的結果有甜美，更有痠痛。戀戀 197 對我來說就像是參賽環法的體驗，我非常喜愛。初戀總是最美，不是嗎？

▍130 公里豔陽下　好的補給帶你上天堂，不好的…

　　「戀戀 197 自行車公路賽」的競賽組路線從起點卑南大圳水利公園→台東大橋→台 11 線→成功鎮→三仙橋折返→台 11 線→台 11 乙線→石川→ 197 縣道→計時終點 197 縣道 52.5K 處，過計時終點計 130 公里。挑戰組路線 100 公里，起、終點一樣，但在台 11 線八翁嗡（舊省道）即折返。另有適合親子逍遙組路線 20 公里以及三到六歲兒童滑步車，在終點會場卑南大圳水利公園園區，讓闔家共同享受樂活、騎出趣味。

　　戀戀 197 距離算是超過百公里的短程公路賽，公開競賽組 130 公里，起終點不同處，因此競賽中，選手除了自己攜帶飲水與補給品之外，需運用大會指定「定點補給」區域，讓同隊支援補給，或是運用大會定點補給 -A 點。補給區段為折返回程路段台 11 線（成功鎮加油站區段）114K 處。設計補給區背後的邏輯，是以車架上攜帶兩瓶 700 毫升常規水壺的正常消耗時間為準。

　　幾年前，我參加市民競賽組，賽前體能狀態沒有調整到位，比賽當天台東盛夏氣溫超過攝氏 30 度，被集團海放，身在集團落後的我，沒有同隊的定點補給，就在大會補給帳篷直接停車、下車補水，並倒入賽前準備的碳水化合物與支鏈胺基酸、礦物質粉末，直接蓋上瓶搖盪沖泡，就缺了幾塊透明的冰塊。

　　在此說明一下，在濕熱環境中，必須確保身體的水分不至流失過快導致脫水，同時降低因運動而身體產生的熱，維持運動中的體溫恆定。最重要的是，水壺中除了水，還應有含碳水化合物的補給品作為燃料，供應運動的能量。另外應有運動中必須持續補充的營養，例如支鏈胺基酸，就像是內燃機引擎高速運轉時必要的潤滑角色，更順暢地維持住該有的運動表現水準。

　　話說停車補水會耽誤至少幾分鐘時間，補滿水壺後還要費力加速，除非是像我那次一樣掉出主集團之後，否則，建議要抓準賽前練習長途公路賽最具特色、也最有互動樂趣的點－定點補給餵食法。這是公路賽與其他鐵人賽最大的不同之處：鐵人賽追求個人獨力完成，公路賽需要補給夥伴。定點補給餵食法需要在賽前跟補給親友一起練習！在網路上可以找到很多示範影片，以下是三大要點：

1. 位置

　　a. 選擇集團速度會稍慢的微上坡路段。要避免選在需要奮力騎乘的陡坡，因為這時運用全身力道，相信你的雙手應該都很忙！

　　b. 事先確認靠道路右邊或左邊。在台灣大多數的比賽都是靠右準備抓取補給，少有機會站在車道的左邊來補給，除非大會有特別安排或是在較窄的丘陵山路中。有經驗的主辦單位通常會明確規範，賽前會議溝通清楚在哪一個路段補給？靠左或是靠右？戀戀 197 是靠右的路邊。

　　c. 為了在人數眾多的集團與補給團中快速辨認，騎士與補給隊友都需要醒目與容易辨認的服裝。

2. 負責補給的隊友

　　a. 建議餵食與水壺裝在比 A4 紙尺寸稍大的補給袋 Musette 內。

　　b. 補給袋的運用秘訣是先在上方打個結，避免虛握補給袋的背帶上方時，太容易滑掉。

　　c. 若沒有補給袋，至少有水壺補給。水壺以輕鬆虛握上方，保持不動的等待騎士抓取。

3. 騎士

　　a. 補給袋抓取接近背袋下方處，減少慣性，並快速地將補給袋的背袋從頭套入、手臂快速穿過，以完成側背補給袋的姿勢。

　　b. 水壺能在練騎中直接被穩穩地抓住，緊接著順著慣性，手臂稍微往後帶，以減緩衝擊。

參賽要注意的是，戀戀 197 禁止車隊給競賽選手動態補給，如有發生，大會將取消該選手參賽資格，並取消該隊團隊成績。所謂「動態補給」，顧名思義是從汽車或機車上，由補給人員給選手水壺與食物，例如環花東賽的菁英組，這種長途、實力較整齊劃一的組別，才有開放「有編號的隊車」緊跟在集團主裁判座車後，展開動態補給。一般在職業級的比賽由駕駛隊車者來完成動態補給，屬於相對高風險與高難度的補給法，連專業選手都容易失誤造成摔車。各位朋友欣賞轉播就好，不要輕易在戀戀 197 比賽中嘗試。

我發現很多進階車友的體能訓練都做得非常徹底，但成績仍然無法有效突破，或是呈現不穩定的結果，原來關鍵痛點在於長距離公路賽的飲食與補給策略。尤其是從來不鍛鍊有關長距離公路賽的定點補給，而戀戀 197 卻也僅能定點補給。

開賽後，一路在台 11 風馳電掣的集團，速度維持住每小時 40 公里以上，讓人不知不覺持續高強度續航，能量的消耗十分快速。以我的體重 60 公斤與功率輸出推算，每小時消耗高達六百大卡以上（簡易計算方法是：體重X10 ＝在集團中高速巡航所耗費的熱量），用時速每小時 40 公里來算，前 125 公里需耗費三小時騎乘，此時我的能量消耗約達一千八百大卡之譜。

一千八百大卡等於燒掉十八根一般大小的香蕉！如果沒有親自算過一遍，實在讓我很難想像。通常身體原本儲存的肝醣僅約一千至兩千大卡，因此大會在活動簡章中特別提醒「活動前一日做充足的睡眠及當日競賽前兩個鐘頭吃早餐」，而我也會隨身放幾包方便攜帶的能量包果膠，大約每小時到每半小時補充一包。

幫助人衝線，過終點後才真正開始！

戀戀 197 的困難點是最硬的爬坡在最後 5 公里，也就是在大量體能消耗的狀況下展開爬坡。記得第一次競賽在 197 線道往終點爬坡，這時太陽很烈，烈到我開始討厭它。全身像著火又很濕，一直流汗就算了，持續喝

水仍然覺得很渴，這就是身體脫水的警訊。脫水當然會影響整體的騎乘表現，記得變速到最輕齒爬坡，雙腿還是像推起千斤重的牛車一樣，沉重而緩慢。此時，刺痛的眼球往路旁一瞥，幾隻像牛的動物站在都蘭山脈的前面，像一幅畫。

最後 5K 熱衰竭死亡

「一男車友與兒子一同參加 100K 挑戰組，但卻在最後 5 公里，因熱衰竭就此辭世…」2020 年的戀戀 197，留下一個遺憾與一位失去父親的小男孩。這一屆我以競賽組醫護騎士參賽，衝過 130K 終點線之後，才知道這件憾事。

熱衰竭是指在熱的環境下過久，持續流汗且未補充適當的鹽分與水分。更嚴重的是中暑，當身體的核心體溫升高超過攝氏 40.5 度，同時中樞神經功能出現障礙，危及生命。不論如何，若自體感覺有頭痛、頭暈、虛弱無力這三種狀況，都應先安全下車，人移駕到太陽照不到的陰涼處，想盡辦法降溫。

在競賽當天的最後爬坡，我的雙腿帶著幾乎要抽筋的感覺慢慢在踏板上跳舞，一左一右地輪流移動身體體重，只能讓一邊的腿勉強支撐著，腰上的任務腰帶裡面有兩罐舒緩噴劑與幾包鹽礦物錠。發現有停在路邊下車牽車的選手，我問：「需要幫忙嗎？」「不用，謝謝。」若能迅速應答的選手代表狀況還好；若不能正確回答、或直接坐臥在發燙的柏油路上、或抱著腿痛苦掙扎，我就會直接下車給予必要協助，讓他們在身體稍微恢復後能安全地通過終點線。

過終點線才是任務的開始

事實上，當比賽到通過終點線之後，才是狀況最多的時候。抽筋最常發生，我當選手用盡全力的時刻也是，常在通過終點後開始腿抽筋，左腿抽完換抽右腿，甚至雙腿一起抽，讓我完全定格在終點線後。但是醫護騎士就得保留體能。

過了終點線，幾位停在路邊的選手大多開始抽筋，我今天的任務又再度展開。當運動強度很高，汗水流失的鹽分與水分沒有持續適當補充到位，停下車、沒有持續踩踏，就很容易發生腿抽筋身體被迫罷工。這罷工就像疫情中人與人的連結，一發不可收拾。

我跳下車，將車停靠在路邊，先處理他的抽筋。讓抽筋部位的肌肉伸展開，讓他坐下膝蓋伸直，將腳掌向上屈；若大腿前面肌肉抽筋就屈膝往臀部後拉；大腿後面肌肉抽筋就伸直膝關節舉腿伸拉。抽筋稍緩後，給予舒緩噴劑與一包礦物鹽錠。「來！請你現在吃一包醫護鐵人礦物鹽錠」「阿！阿～」還沒來得及拆開包裝，他又開始抽筋了。

扛著醫護騎士的使命

戀戀 197 的義務救護單車騎士可以免報名費，並享有活動資格及一切物資，須具備 EMT 等合格證照，依照參加組別與選手一起開賽。在集團中騎乘時，我都會觀察同組選手。以往身為一般選手參賽，我觀察到騎乘踩踏不穩的選手會盡量避開，在集團的前三分之一，尾隨幾個迴轉穩定、不會忽快忽慢的選手；然而，以醫護騎士的角色參賽，我會盡量待在集團較後半部，特別注意體能下滑的選手，深怕這些選手苦撐到體能的上限，會比較容易出狀況。

台 11 的丘陵起伏地形，集團高速移動，我認為因擦撞失去平衡所造成的失控摔車機率較高，會特別去關注體能下滑的選手，當發現有選手意外事故或受傷等狀況，立即給予協助。最重要的是，競賽時帶著充飽電的手機，以便隨時聯繫大會的醫護，做最適當的處置。

我期待各位車友不只能夠安全無傷地過終點線，更可偕親朋好友一起去追一年一度的國際熱氣球嘉年華，讓你的單車生活更添梵谷般豐富又精彩的回憶！

3

4 5

1. 戀戀 197 最困難處就是最後 5K 爬坡，
   在烈日下全身彷彿著火
2. 支援戀戀 197 賽事的醫護騎士大合
   照，左一為本篇作者何航順
3. 通過終點後許多選手開始抽筋，這才
   是醫護騎士任務的開始
4. 醫護騎士參賽時的全身裝備
5. 訓練騎乘穩定度，以滾筒訓練最適合

▌車癌末期患者用單車踏出文字的重量

　　研究所時期參與校隊競技運動之後，我真正投入耐力運動是從 2008 統一盃衝刺距離鐵人賽開始，我以加拿大前奧運隊教練 Timothy Barkley 為師，開啟了單車運動生涯。即便在一次練車意外中摔斷鎖骨，我依然樂此不疲，前國家隊蔣光燦教練還笑說這是「車癌末期症狀」。而我的右鎖骨至今還留有一條鈦合金板，紀錄著華麗的單車戰記。

　　在忙碌的工作之餘，我總是安排假期移地法國練騎與研修見學。從普羅旺斯、蔚藍海岸到阿爾卑斯山，並將海內外專業運動俱樂部與職業車隊的見聞與五感體驗，堆疊爬梳成圖文，在各類單車雜誌發表，並將上述運動與生活的點滴，收錄在一本生活風格專書《關於單車，我說的其實是……》。這之中印象最深也最自豪的，就是以車手保母與機械師的角色，協助隊友穿回 2014 年自由車環台賽個人總冠軍黃衫，讓我發現幫助他人成功，比自己得到冠軍更加快樂。

　　對身在台灣且愛好自行車的俱樂部級騎士來說，人生中非參加不可的比賽就是台灣東部的長途公路賽，即是環花東與戀戀 197 自行車公路賽。東台灣是單車競賽的伊甸園，即使被海放得落花流水，只要能夠身在其中，就算像風中殘燭似的抵達終點，我也會感到無上的幸福。

　　近期，我以基層運動教練的角色，幫助年輕運動員建立起正確運動生涯經營的態度與觀念。同時，適時且積極地參與「醫護鐵人」於各大耐力型賽事的任務，踏上助人為快樂之本的人生航道。

▎訓練心法

要訓練集團騎乘穩定度，以滾筒訓練台訓練最適合。我較少看到鐵人會上滾筒訓練，鐵人賽講求獨力完賽，但公路賽不是！公路賽大集團騎乘有其方向效率性，騎士必須在集團中求生存，與其他眾多年齡與實力相當的騎士一起前後比肩騎乘，此時騎乘穩定度至關重要。

平時除了與車友們約騎團練，自己就以滾筒來訓練騎乘穩定度。騎滾筒的好處是練出順暢的迴轉，在滾筒上騎得穩可矯正不良姿勢，但初學者需要專業指導。下表是滾筒入門三部曲：

	說明	注意事項
1	找個好位置：旁邊要有依靠，例如門中間、旁邊有牆壁、或是放一個桌子可以扶著	◆ 前滾筒的輪軸需超出單車前輪輪軸 1-2 公分 ◆ 公路車胎壓可適度放 10%、熟悉後可增加為正常胎壓，舉例 120 PSI ◆ 調整變速齒比，放在易於起步處，不過重、也不過輕
2	扶著依靠物，慣用腳先上卡	腿不夠長的人，可先直接站在滾筒兩側的架子上
3	開始踩踏，迅速找到平衡，想像自己往前騎，眼睛要看前方至少 1-3 公尺	◆ 一邊肩膀靠著門框或旁邊的牆壁，可以讓你有充足的時間找到平衡 ◆ 禁止低下頭看地上 ◆ 下滾筒放慢速度，雙手同煞，可扶著依靠物安全下馬

備賽攻略－戀戀 197

戀戀 197 對成人新手、重拾踏踩老屁股，或是首次挑戰長距離的朋友都是首選賽事。

◆ 戀戀 197 賽前充分準備四大項：長距離騎乘體能、集團騎乘技巧、單車器材道具、日常飲食與補給法等。這四大生理與外在因素準備越充分，心理上對長距離騎乘不安與恐懼感就會隨之減低。讓身心可以完全投入這個艷陽下的 130 公里公路賽，充滿自信地移師台東備賽，從容不迫地享受太平洋海風與鐵花村的悠閒。

◆ 戀戀 197 競賽組（包含菁英組與市民競賽組）限使用彎把公路車，禁止使用低風阻計時手把的三鐵車或是計時車，裝置封閉式碟輪及刀輪者也不能下場。因此只有三鐵車的車友，可以選擇挑戰組 100K，若評估實力足夠，自我挑戰的最好的方法就是租借一台彎把公路車。

◆ 如何準備長距離公路賽？乘法是長距離騎乘的基本目標設定法。平常自己能夠發揮的平均速度 X 騎乘時間 = 距離；當騎乘速度提升或時間增長，距離就會延長。裝備上，勤加保養讓單車維持得像新的一般，就是這個工具最有效率的狀態。另一方面是體能訓練，體能增加、平均功率輸出增加，才能提升速度。

  想實現提升平均速度，必須經過一段長時間的週期訓練，「循序漸進」是訂定訓練目標的原則，可參考喬福瑞（Joe Friel）的《自行車訓練聖經》，或是多與經驗老到的單車車友交流互動。

◆ 針對單車運動常見的運動傷害預防，職業車手因為平時有足夠的訓練與肌肉量，能夠輕鬆面對高強度的單車運動挑戰，在運動裝備的選擇

上多會以輕裝舒適為主。若你屬於假日車手或是新手，運動量與訓練不足，貿然參加比賽或一下就挑戰高強度的騎乘路線，身體在超過可承受程度就會大大增加運動傷害的風險。嚴重的可能還會發生阿基里斯肌腱炎、髕骨肌腱炎、ITBS（髂脛束症候群）等傷害。這時建議可適時使用專業肌能貼布來輔助穩定關節與放鬆肌肉。舉例：可穿戴加壓效果的小腿套、壓縮襪，保護阿基里斯腱。

◆ 比賽前，你知道自己的「身體承受線」嗎？為什麼需要運動傷害風險評估？運動員在自我挑戰過程中，往往專注於提升運動表現，卻忽略運動傷害的風險也連帶提高，尤其是初鐵、初馬，或是假日運動員，更容易輕忽運動強度超過身體可承受程度時可能帶來的傷害。

除了平時養成規律的運動習慣，在備賽期更應該加強訓練頻率與強度，提升身體強度準備好面對挑戰。專業運動防護品牌 LP 也建議，透過動態運動科學檢測，藉由專業的評估與動作模式分析，發現潛在運動傷害風險程度，藉此擬定適合的訓練計畫與專業運動防護方案，降低運動傷害發生機率。

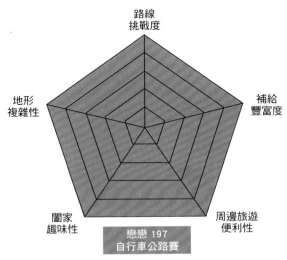

（圖片來源：ZIV 運動眼鏡）

我先回終點等你！

不用自己站上舞台，建構舞台「幫助學員站上」
帶給我的成就感是如此美妙

2019 Challenge Taiwan
國際鐵人三項競賽

郭修森
丸鐵運動負責人

17

Profile

現職
丸鐵運動股份有限公司訓練總監

證照
中華民國鐵人三項協會 B 級教練
中華民國鐵人三項協會 B 級裁判
中華民國游泳協會 C 級教練
ITU 國際鐵人三項總會 Level 1 教練證
XTERRA 越野鐵人國際 Level 1 教練證

教練經歷
台北扶輪社鐵人三項團隊教練
DVTT 醫聲論壇鐵人三項隊游泳教練
大佳鐵人隊教練
大佳晨泳班教練
實境節目「鐵人瘋」鐵人三項教練
Garmin 心率教練

人生初鐵
2006 日月潭統一盃鐵人三項 51.5 標鐵

主要比賽經歷
2010 日本石垣島 ITU 世界盃 菁英男子組
2010 阿曼第二屆亞洲沙灘運動會鐵人三項
菁英男子組
2011 北京鐵人三項世界錦標賽 U23 男子組
2012 日本石垣島 ITU 世界盃 菁英男子組
2012 宜蘭世界大學鐵人三項錦標賽
2012 蘇比克灣鐵人三項亞洲錦標賽 U23 男子組
2015 IRONMAN KONA 鐵人三項世界錦標賽 18-24
男子分齡組台灣代表
2019 XTERRA World Championship 25-29 男子分齡
組台灣代表

舉辦於台東的「Challenge Taiwan 國際鐵人三項競賽」，除了賽事本身優質外，對我還是一個重要的里程碑。2015 年我比完夏威夷 KONA 鐵人三項世界錦標賽回國後，準備退下選手身分轉任教職，將這身十多年的鐵人三項運動經驗與大家分享。就在此時遇到了我的第一位學員－宋晉廷，一位冷凍食品作業員，從前跟運動完全搭不上邊的社會人士，想用鐵人三項運動扭轉他乏味的生活。從他發光的眼神以及口裡說出堅定的語氣，就知道他是認真的。

兩年心血，百公斤宅宅變身 226 超級鐵人

我們安排每天的訓練課程，不論是颱風或下雨，晉廷他總是準時出現在運動場，從美術館到中正體育場，整個大高雄都是我們的訓練場。後來回想起都笑說，當時我們一週碰面六次，比他跟媽媽碰面的次數還要多呢！

經過一段時間的訓練，很快遇到了執教的第一大難題，晉廷的暈浪狀況比我想像中還嚴重很多，就連在泳池訓練都可以游到頭暈嘔吐，我心想，泳池都這樣了，之後在洶湧的開放水域怎麼辦？

我認為「運動科學」就是「統計學」，長年將心率、配速、功率、熱量消耗、水分補充等各種身體資訊記錄下來，從中可以找出蛛絲馬跡。後來，經過多方嘗試並跟晉廷深入討論，發現他只要在下水前攝取咖啡因就能減緩暈浪的狀況。這也讓我堅信，幫學員解決問題是我們教練的使命！

在勤奮的訓練下，迎來了他的初鐵「2016 高雄愛河國際鐵人三項競賽」，雖然最終還是在跑步路段被 DNF，但我們也從中瞭解到自身的不足，回來後增加了騎單車後跑步的肌肉轉換能力，終於在同年十月的澎湖鐵人賽，完成了他人生中的 51.5 初鐵。

完成賽事一週後，晉廷拿著 226 超鐵的報名資訊來找我，說他想要參加這場。我回他：「會的！總有一天你會完成，但在那之前先別著急。」

　　知道晉廷下一個挑戰是超鐵 226 後，我就著手安排一個為期兩年的訓練計畫，因為我知道這挑戰需要豐厚的體能基礎，要用時間才能換來的。而計畫的第一步就是先讓晉廷減重，拖著百公斤的體重對 226 來說是百害無一利，長時間下來導致體能加速消耗，更有可能因為體重造成過度負荷，導致關節處受傷。因此，我開始讓晉廷控制飲食熱量的攝取。

　　晉廷在這兩年之間，完成了多場 51.5 標鐵及 113 半程超鐵，這時他的基礎有氧體能以及身體節能效率，在日復一日的訓練後已不同往日，並成功瘦身到 85 公斤，我想也是時候了。這次，換我拿著 2019 Challenge Taiwan 國際鐵人三項競賽（以下簡稱 CT）的報名表去找他。

▎有如石垣島世界盃的台東 CT

　　說起 CT，賽事在素有「鐵人之鄉」的台東進行，整個賽會最大特色就是氛圍像嘉年華會般歡樂溫馨，賽事體驗感非常好。競賽項目不只有 226 超鐵，也有 113 半程超鐵、51.5 標鐵、小鐵人以及 Push Bike 小小鐵人，非常適合帶著全家大小來一同參賽。

　　台東活水湖，那絕對是台灣鐵人心中的第一名。在碩大的活水湖中游泳，水溫常年適中，湖水清澈見底還會有魚兒共遊，就像迎接遠道而來的客人似的。這讓我想起日本石垣島世界盃的比賽場地，石垣島位於日本琉球列島的南方一個純樸的小島，島上除了著名的石垣牛外，每年盛會就是五月的鐵人三項世界盃賽，世界頂尖高手會在此一爭高下。雖然游泳項目在小漁港的碼頭內進行，卻沒有傳統印象中漁船的油煙味與死鹹海水，反倒有一股讓人清爽的感覺，競賽時也會有魚兒伴遊，在這種環境下游泳真是舒服極了！而在台東活水湖裡就是這樣的感覺。

　　自行車項目可在石垣島小鎮內全線封閉的賽道狂飆，上坡猛抽車折返再加速，這種爆心跳炸大腿熱血沸騰的感受，就跟騎著計時車在台 11 線上貼地飛行一樣，路寬且少急彎，搭配台 11 的海岸風景，絕對會讓選手們騎得直呼過癮。

因為是一年一度鎮上的大型盛會，石垣島世界盃最後的跑步賽段，沿路都是滿滿加油的民眾，這吶喊聲成為選手在跑步最後關頭的一劑強心針，而這種賽會氛圍如同在「鐵人之鄉」台東一樣，所有的比賽條件對參賽者是如此友善。

▍比自己下場更感動的人生初 226

時間很快地到了期待已久的這天。凌晨四點三十分鬧鐘響起，起床後，這熟悉的興奮感依然存在，只是這次主角不是我，是晉廷！我們五點整抵達會場時，轉換區已經很熱鬧了，選手們忙進忙出準備。我很喜歡 Challenge 系列前一天交車的機制，可以減少晨間剛睡醒時的繁瑣動作，但要注意的是，因為愛車會在戶外放置一晚，為避免夜間下雨導致機械故障，建議將車架及變速系統用袋子牢牢包覆。

鳴「砲」後等待熟悉的划水動作

一切就緒，一夥人往湖邊出發點前進，成群選手已在湖邊熱身，濺起的水花使湖面激起大片漣漪。我與晉廷選定出發區間後，靜待指令到來。Challenge 系列的特色之一就是出發指令是鳴「砲」，清晨六點那轟隆的一聲，選手們魚貫而入下水，輪到晉廷這梯，他回頭跟我比了個讚，就開始這趟 226 的挑戰。看他伴隨著選手群，游超出我們一幫加油團的視線範圍，身為教練的我也只能在岸上默默祈禱一切順利。

看著手錶計時來到 1 小時 40 分，卻遲遲未見到身影，頓時有點擔心，該不會發生什麼狀況了吧？才剛有這念頭就看到晉廷熟悉的划水動作！以 1 小時 45 分完成第一關 3800 公尺的游泳，但接下來才是正式的考驗。

180K 單車大魔王　最厭世的不是無止盡踩踏

晉廷上岸後我趕緊關心他的狀況，知道一切順利後，提醒他先將防寒衣脫下再跑，因為跑步時下肢充血加上防寒衣的束縛，會讓雙腳非常不舒服。為了提升選手放車品質的舒適性，大會這次將轉換區移到森林公園門口的大草地上，雖然整體環境更優，但選手上岸後必須跑近一公里才能抵

達 T1 轉換區。進入轉換區後又是一陣混亂，多虧平時的模擬訓練，晉廷才能流暢地完成著裝。其實，只要將繁瑣的轉換流程練習到「機械化」，就可以迅速完成轉換動作。

看著晉廷準備離開轉換區，加油團也驅車前往台 11 線，在那等待他的是 180 公里單車大魔王。這條競賽路線在這兩年備賽期間，我已跟晉廷騎乘過無數次，整路的地形都烙印在腦中，但畢竟後面還有個馬拉松要跑，所以賽前擬定的策略就是盡量維持踩踏在 FTP 的 62% 上下，用保守方式完成第一個 45 公里。

動輒五六小時起跳的 180 公里單車段，是整場超鐵變數最大的時刻，一個失誤都可能導致後續體能崩壞，所以俗稱第四鐵的「補給」在這段就十分重要。不論是補充先前游泳一個多小時的消耗，或是為了後續的馬拉松，在單車上都需要「吃飽喝足」。長年的記錄下，我已能抓到晉廷用此等強度運動，大致需要多少的熱量與水分，並因應當天氣候狀況微調鈉含量攝取，在身體所能吸收的最大量下盡可能補進，以維持體能狀態的穩定。

太陽微露臉，徐徐微風吹來，完美天氣可說連天公都來幫忙！搭配東部海岸線的無敵海景，相信此時晉廷一定很享受在當下。

第二趟是從折返點的八嗡嗡回到中華大橋，在這段下坡居多的 45 公里，我們用了預設的 64%-67% 順利完成。晉廷賽後跟我說最厭世的不是無止境地踩踏，而是第一圈回到中華大橋時聽到工作人員廣播：「90 公里選手請靠右，180 公里選手請靠左直行」，這對體能已消耗大半的選手來說，確實是雙重打擊，但從這也能看出超鐵選手堅強的心理素質，除了忍受體能上發揮到極限的痛苦，執著、耐孤獨等特性，都造就我們在面對生活困境時不會輕言放棄。

如賽前所預料，第二圈騎到 150 公里會遭遇到嚴重撞牆，此時我們也透過配速的調整（甚至在特殊補給袋站停下休息五分鐘），以利身體機能恢復，最終單車在 7 小時 19 分平安完成挑戰。

此時，距離開賽已過了九個多小時，看著晉廷在 T2 換上跑鞋，準備最後一項的 42 公里馬拉松挑戰，我就知道他沒問題的！雖然加油團暫離賽場去尋覓食物，但大家的心裡還是時時刻刻掛心晉廷的狀況。

剩下的半馬讓我們一起完成吧！

夜目降臨，這場比賽從清晨比到白天，再從白天比到黑夜，對選手跟加油團都是一場很大的考驗。晚間七點我再次回到賽場上，開始找尋晉廷的身影，依照路旁加油團的提示，我在漆黑的馬亨亨大道上找到了獨自奮戰的晉廷，此時的我騎著單車陪在他身旁，跟他說一句：「剩下的半馬讓我們一起完成吧！」他點了點頭並持續移動雙腳。賽後他說，當下我的出現像是幫他快耗竭的體能又點了一把火。

不得不說，CT 最後跑步路段的補給站可比嘉年華會等級，由各大熱心單位領養補給站，每攤都是在比拼誰家的補給更豐富，一間比一間誇張，水果、飲料、餅乾都只是小菜，連烤乳豬都出現那才叫真的厲害！經過了整天的折騰，肚子內全是簡易食物，選手經過這些補給站就像在沙漠遇到綠洲一樣。我陪在晉廷旁邊跟他玩起「猜下一站有什麼食物」的遊戲，我想這樣也好，能幫助他轉移注意力。

「如果沒有考驗怎麼能讓人印象深刻呢！」這句話我想晉廷一定深有體悟。在這段 226 的最後 10 公里，因為身體狀態已到達極限，他長年困擾的痛風就在此時發作，雙腳腳踝腫脹到連跨出去都是問題，無疑是雪上加霜，但一想起這兩年奮鬥的辛苦過程，牙一咬，再怎麼樣也要撐回終點。我們開始數數，以小跑 1 分鐘轉換走路 20 秒的方式，希望能撐過最後漫長的 10 公里。

進入最終的台東海濱公園賽段，漆黑道路剩下微弱的路燈及工作人員的螢光棒指引，雖然我們沒有繼續交談，但我們都知道對方心裡是在回憶這兩年多來點點滴滴，我想這是屬於我們師徒的默契吧！

　　這時隱約聽到遠處傳來主持人麥克風的聲音，再次為晉廷注入最後一股能量，他竟然開始邁開步伐，加速朝終點奔去。隨著麥克風聲音越來越大，眼中的場景也從黯淡無光的森林公園變成燈火通明的台東市區，我跟晉廷說：「我們真的回來了！剩下的一段路好好享受！我先回終點等你。」隨後騎著單車衝刺回到會場，快速停好單車，往終點線移動，就深怕錯過晉廷這重要的那一刻。

　　晉廷進終點的場景已在我腦中幻想過上百次，我本以為會上前跟他共享榮耀，但實際到了這個時候，我身體卻本能地默默退到一旁，欣賞他接受聚光燈的照耀，衝過紅色終點線。這跟自己進入終點那充滿激情的情緒不同，看著晉廷進入終點，我反而像完成一個任務似的平靜且輕鬆。

　　不用自己站上舞台，建構舞台「幫助學員站上」帶給我的成就感是如此美妙。正當我頭腦還在放空，晉廷朝我走來並給了一個眼神，我們互相擊掌宣告任務達成。

宋晉廷經過兩年訓練後，終於完成當一位 226 超級鐵人的夢想

1. CT 226 組游泳項目開賽之前，選手們等待著鳴「砲」聲
2.4. 宋晉廷在台 11 線上無止盡地踩踏，完成 180 公里單車大魔王
3. 郭修森拿下 2015 年 KONA 大賽資格
5. 郭修森經營的「丸鐵運動」學員們組團到台東參賽和加油

▌「弱雞」站上 KONA 大賽

我從小就是一位靜不下來的小孩，任何運動項目都略有接觸，唯獨游泳是最大罩門。雖然生性好動，但老天卻沒給我一副健康的身體，從小體弱多病，更是不折不扣的藥罐子。媽媽怕我以後遇水會被淹死，在小五那年將我送到鳳山游泳隊接受正規的選手訓練，企圖改造我這隻「弱雞」。

最早是受泳隊學長楊茂雍的影響，教練帶著我們一群隊友開始了鐵人三項訓練。起初，這只是我躲避冬天下水的好藉口，直到遇見了恩師田偉璋之後慢慢培養出興趣，也在訓練過程中找到內心想達成的目標。一路從鐵人愛好者，到國家培訓隊選手，最後再站上超級鐵人最高殿堂 KONA 大賽的出發點，這十多年的鐵人歷程是我至今最重要的回憶。

完成 2015 年 KONA 大賽回國後，有鐵人好友邀約我回到高雄家鄉，加入在地深耕耐力運動的「丸鐵運動」，期許將這十多年的選手經驗傳遞給更多喜愛鐵人三項運動的人，幫助他們達成目標。

提倡運動就是生活，生活就是運動的精神。鐵人三項不只是我的興趣，現在更是我的工作，而且已成為我生活中不可或缺的一部份了！

▍訓練心法

這裡以我和我指導的學員為例，學員們都是業餘鐵人三項愛好者，平時扣除工作時數，能訓練的時間都相當有限，所以時間的分配與自律就顯得非常重要。

學員們大多會運用晨間六點到七點半做第一次的訓練。針對晨訓，我通常一週會安排四次單車功率訓練，依照排定的訓練週期給予不同比重的課表類型，從技術動作練到有氧耐力，最終目標是提升選手的閾值能力。其中兩次會在騎完車後，換上跑鞋進行輕鬆的慢跑，藉此培養肌肉轉換的能力。晚間下班後的訓練以一兩小時的有氧跑為主，偶爾也會跑些強度。搭配每週三次的游泳訓練，每次距離都抓在兩千到三千公尺。

週六我們會進行各式戶外訓練，例如開放海域訓練、轉換訓練、越野跑、登山車等，這樣的組合不只能轉換選手訓練心情，更能培養大家全方位的身體能力。週日就趁家人尚未起床，出門進行四到五小時的戶外有氧騎乘，通常都能趕得上陪家人吃午餐。

在此建議，長期訓練最重要的就是將週日下午「留給你的家人跟小孩」，不論是待在家裡看影集或是外出走走，一起度過一個愉快的週末。這樣不只讓身體獲得恢復時間，也能增添家庭生活的空間，畢竟得到家人百分百的支持，我們的訓練才會長久！

備賽攻略一 Challenge Taiwan

◆ 在碩大清澈的活水湖游泳固然舒適，但開放水域跟泳池內的「游泳」是截然不同的體驗。不只自身泳技須達到一定水準，更要具備自救、定位、跟游、狀況排除等開放水域技能。

◆ CT 採取間隔五秒的分段式入水，好處是選手可以選擇與自己能力相當的區間，避免一下水就被「擋道」或是遭受後方選手「輾壓」，剛下水的兩百公尺是絕對的一級戰區，各種拳打腳踢兼潑水，連泳鏡都會不小心被打掉。在泳道尚未疏通的情況下肢體碰撞在所難免，建議可在下水後繞行至集團的外側，避免衝突產生。

市民鐵人不像菁英選手有好的穩定泳姿及定位技巧，能在開賽後就筆直朝折返點游去。因此下水後，建議沿著活水湖岸邊游泳前進，可以保持與岸邊一定的距離，以此固定航道。待離折返點約一百公尺再切換航線，橫跨活水湖朝折返點前進，通過折返點後可斜切游到回程的湖岸邊，順著岸邊游回上水處樓梯。這方法好處是定位點距離近、視線好掌握，但切記在橫跨活水湖時，約五到十下划手抬頭定位一次，避免在湖中迷航了。

◆ 單車是沿著台 11 線北上至八嗡嗡自行車步道折返，這樣一圈回到活水湖 90 公里，若是 226 超鐵就要騎兩圈共計 180 公里。看似丘陵地形，實質北上時的地勢是一路緩上爬升，加上東北季風吹拂，很容易在去程就耗盡能量，所以此時可以盯著車錶，照賽前計劃的瓦數維持，切記不要被其他選手擾亂了自己的配速。回程將姿態穩定好，迎著下坡與順風穩定輸出，應用天然條件爭取秒速。因應台 11 線上上下下的丘陵地形，須提升身體排除乳酸的能力，所以在賽前兩個月，建議可多增加 Zone 5 強度的課表，以提升競賽所需能力。

◆ 台 11 線沒有很大的爬坡賽段，加上路寬無急彎，在裝備上非常適合計時車奔馳，建議後輪選擇 5-8 公分之間的板高，以增加推進的效能，前輪可視當天競賽時風的狀況，選擇使用 3-5 公分之間的板輪，以利提升操控性，避免突然的側風導致摔車意外發生。

◆ 自行車賽段須特別注意在台 11 線巡航時，偶爾會有大型車輛從旁呼嘯而過，建議選手在騎乘時盡量不要靠近快車道，以免大型車輛帶動的亂流將選手推倒。

◆ 由森林公園與馬亨亨大道組成的跑步賽段，雖然綠樹成蔭在大烈陽下是個舒適的環境，但卻可能形成另一個極端狀態－悶熱，若下過小雨又搭配太陽曝曬，這時候樹蔭就會變成一個天然的大悶鍋，對任何跑步選手都是很大的考驗。悶熱潮濕的環境容易造成水分大量流失、體力快速消耗，這時 CT 每兩公里一次的補給站就是選手的救命稻草，除了適時補充水分外，還可將吸飽冰水的海綿放在脖子後方、腋下等部位降溫，延緩體能消耗。

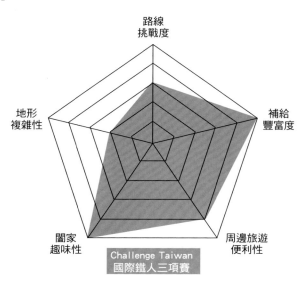

重新定義
「極限」的意義

我們要將視線看遠，永遠定睛在目標上，才不會走偏或歪斜，
但即便走到不理想的路線上，還是得用全力為自己的選擇負責

Profile

現職

日出 SUNRISE 跑班創辦人與總教練

XTERRA 認證教練

The North Face 簽約越野跑運動員

720armour 簽約運動員

人生初鐵

2005 台南玉井統一盃鐵人三項賽 51.5 標鐵

主要比賽經歷

2008 統一盃鐵人三項賽 青少年冠軍

2010 台東 226 公里超級鐵人三項賽 總冠軍

2012 秀姑巒溪泛舟鐵人三項賽 總冠軍

2013 The North Face 100 國際越野挑戰賽
100 公里總冠軍

2015 The North Face 100 國際越野挑戰賽
50 公里總冠軍

2015 七星山登山王越野挑戰賽 總冠軍

2016、2019 101 登高大賽 國內冠軍

2018、2019 XTERRA Taiwan 國內冠軍

2019 XTERRA Asia-Pacific Tour 亞洲巡迴賽
全球年度排名第五名

2017 年的尾聲，我悠哉滑著臉書度過難得空檔的時間，突然一則訊息讓我流暢撥動的食指停了下來，這是「XTERRA 越野鐵人三項賽」在國內的第一場分享會訊息。天吶！這是什麼！！難道是…

沉寂的冒險魂甦醒

個人運動生涯中的最後一場多日冒險賽，轟轟烈烈地結束在蒙古鄂爾多斯大草原上，再回頭已是五年光景過去，我冒險的靈魂還停留在蒙古，期待著下一次的激情，能再一次感受划行在滔滔江水上、騎乘穿梭於森林間、奔馳在曠野的靈魂悸動。

我一直很期待國內能夠有場類似的熱血賽事，但當時國內參與越野跑運動的人口相當少，再加上這樣的運動要融合多個項目和大自然元素，更是難上加難。這個期待就這樣擱著…直到這場分享會出現，再次讓沉寂的冒險魂甦醒起來。

大螢幕上，海面的巨浪點綴著黑點，那是 XTERRA Warrior 以高超的泳技破浪而來，之後選手們的臉頰披上了塵土，登山車雙輪甩過地面塵沙飛揚。不到一會兒時間，選手用極快的速度換上了越野跑鞋，在遼闊的背景下手刀攻上山巔，最後舉起雙臂榮耀衝線，擁抱家人，這一幕幕震撼了我的心。

「我一定要參賽！」心裡大聲吶喊著。

好景不常，2018 年初我在準備香港 100 公里越野賽時，小腿比目魚肌腱撕裂了。養傷的過程漫長且毫無頭緒，就在試著找尋新方向時，上帝開啟了一扇我做夢也想不到，不可思議的一扇窗－XTERRA 邀請我來到墾丁，體驗他們精心規劃的賽道。

「這…這是墾丁嗎？怎麼和我印象中的不一樣？墾丁的山怎麼這麼漂

亮！」XTERRA Taiwan 賽道跨越墾丁、滿州、恆春，每一個區塊都有著不同的地理樣貌和景致，當我第一次站在門馬羅山大草原眺望遠方時，心裡感受到無比的寧靜和平安，在國境之南、家鄉的遠方，距離拉開了與城市喧囂的間距，這裡只有山、風、草和牛羊，單純地像一幅風景畫，足夠我靜靜待上一個上午。這樣的感覺，即便是三年後的現在仍然沒有改變。這裡彷彿是時間永駐的伊甸園，希望未來無論發生什麼事，這塊淨土依然能夠存在，依然是人們心靈安歇的永遠依靠。

這趟 XTERRA Taiwan 賽道初體驗，令我驚豔的除了大自然環境之外，還有延續至今珍貴雋永的友情。與 XTERRA Taiwan 團隊的第一次正式見面，大自然讓我們很快融入彼此，相處起來感覺就像認識很久的老朋友。恆春鎮的靈魂人物忠義哥騎著登山車，用他壯碩的手臂向我輕輕招手，「Hi 晏慶！歡迎你來到恆春，有機會來家裡坐坐、喝咖啡！」雖然此行無暇拜訪，但這句溫暖的邀請我已放在心上了。

當然我想都沒想到，下一趟來到恆春忠義哥家「愛 RUN 騎」時，自己已成為 XTERRA Taiwan 團隊的一份子，而之後與忠義哥家的邂逅，那又是另一段故事了。我只能說，愛 RUN 騎真是運動者的忘憂咖啡館！

除了認識忠義哥以及團隊的伙伴外，還有一位影響我運動生涯發展、訓練思維深遠的師尊－來自法國的 XTERRA 世界冠軍 Nicolas Lebrun。

Nico 是 XTERRA 全球總教練以及賽事總監，他偉大的運動生涯紀錄曾經榮獲法國總統親自頒佈的獎章。四十來歲的 Nico 雖然已經從運動員身分退役，依然不減他強大的體能和技術，「這種坡就這樣騎上去！太不科學了！」看 Nico 騎車時忠義哥這麼形容。風趣和善的 Nico 讓我們像小粉絲一樣喜歡跟著他，就在那一年春末夏初於墾丁舉辦的第一屆 XTERRA Coach Camp，我們正式成為 Nico 教練的學生，並有幸在個人的志業履歷上多了一項：XTERRA 認證教練。

XTERRA Taiwan　看見不一樣的墾丁

　　第一屆 XTERRA Taiwan 賽事在多方籌備下，訂定在 9 月 29、30 日舉行。畢竟是台灣第一次有這樣國際性的越野多項賽事，在毫無任何背景經驗下，用心的 XTERRA Taiwan Director 送整個團隊赴比利時觀訪 XTERRA Belgium，並體驗我們的人生第一場正式 XTERRA 賽事。

　　比利時站的會場在 Namur 百年城堡，選手們將游在美麗墨綠色的默茲河，騎乘登山車穿梭於城市、鄉村與森林間，跑在城堡中及綠地上，當地觀眾朋友用羅馬拼音吶喊著自己的名字、為自己加油…這場初體驗讓我完全成為 XTERRA 的信徒，並昂首期待台灣賽事的到來。

身為工作人員，連月豪雨下催生「大自然整形公司」

　　7、8 月是賽前最重要的工作月，除了要將路線確定好、規劃賽道布置的方式、補給站、人員安排、備用路線、觀光餐飲結合、訓練營推廣…，還有最重要的：「思考如何把荒蕪崎嶇的山野小徑，用最環保的方式整理成能夠騎登山車和越野跑的賽道。」

　　挑戰來了，這一年氣候極端異常，原本「我在恆春天氣晴」的印象在全球氣候變遷下被打亂，下起了連月豪雨，台南以南水災四起，當然包含了恆春墾丁。

　　最辛苦的就是在地的忠義哥，望著窗外停不了的雨，背負使命的他獨自上山場勘，阻擋他去路的除了天氣，還有鼬獾、梅花鹿、山豬、眼鏡蛇、蟾蜍、勾人的藤蔓…，兩個多月來，他的車鞋跑鞋沒乾過，身上的傷也沒有少過，每次我下去與忠義哥場勘工作，都只能在心中默默驚嘆他與生俱來的野性直覺、認真和毅力。

　　記得有一次我們騎登山車上山工作，騎著騎著，竟然就騎到了水裡差點飄了起來，哈哈大笑後繼續上路場勘。這位沒有運動員背景的 XTERRA Taiwan 賽道總監，上山下海做路領騎樣樣精通，其頭銜當之無愧！

考考各位，你知道 XTERRA Taiwan 越野三項賽事限額多少人嗎？答案是三百五十至四百人（每個國家的場地有不同的人數容納設計）。你可能會想，花了這麼大的工程值得嗎？我沒辦法代替品牌說話，但身為工作人員、參賽選手與推廣者，我非常感謝 XTERRA Taiwan 的努力，讓越野運動在台灣邁向了另外一個等級的高度。

很快地，9 月份的賽事日即將到來，路線已經完備，是時候該把賽道整理好了。「咦…這河床，天吶！啊這是要怎麼騎？」連月的大雨讓原本乾渴的河床變成了滔滔黃河，大雨退去後，河床上的細砂流失，裸露出一塊塊的大岩石，別說騎車了，連越野跑都是相當有難度的。

老子說「道法自然」，河道是如何變成現今模樣的，我們就用人力讓它回復吧！忠義哥和我上衣一脫，開始搬起了石頭，先填大顆的，再用小顆的鋪平，用雙手和圓鍬、爆發力和肌耐力，徒手鋪起了登山車可以騎乘的河床小徑。看到改善後的「傑作」，我們笑說這已經可以成立「大自然整形公司」了！有趣的是，兩年後在品牌的安排下，我們有幸跟著真正的專家－千里步道協會學習，讓我們往後的路線整治能夠更環保、有效率並符合人體工學。

就在賽事前夕，台灣團隊們辛苦奔走投入之時，會場出現了熟悉與陌生的身影，這是…我們的師尊 Nico ！強大的國際團隊此時參上，他們不是來看流程、鳴槍的，而是真正的捲起袖子、騎上登山車、換上跑鞋在賽道中指導、協助所有一切事務的中流砥柱，這也是 XTERRA 賽事的獨一無二之處，從賽制、工作團隊、選手方面，真正的國際化。

所有人都想不到，一波未平一波又起。就在開賽前幾天，太平洋高壓蠢蠢欲動，變成了名為康芮的強烈颱風，挾帶狂風暴雨直撲台灣而來。所有人盡力之餘，也做好了最壞的打算，畢竟，誰也無法和老天作對啊！或許是誰的流淚禱告被聽見了，又或許是人們的努力感動了蒼天，賽前三天颱風急轉直上離開了台灣，賜給我們一個涼爽的比賽日。不過別放心得太早！真正的挑戰是在鳴槍之後。

身為選手，擠盡自己最後一滴汁拔腿狂奔

別忘了我可是有下場比賽呀！現在就讓我將靈魂拉回到選手角色上。

不同於在比利時站「初體驗」的心情，此時此刻，站在小灣岸邊上的我，用三分鐘的時間獨自沉靜，回想這半年來因 XTERRA 而發生的種種不可思議的際遇。現在，就是現在，我要準備下水奮戰了！我將用全力跑向終點，以此報答 XTERRA 對我一切的好。漸漸地天開了，浪也平靜下來屏息以待歷史性的一刻。

清晨六點，清亮的鳴槍聲劃破天際直衝雲霄，只見職業組運動員如同海豚般迅速的鑽入海平面，只露出鯊魚鰭似刀狀的手臂，一眨眼的時間已拉開與岸上我們的距離，這就是與世界的差距啊！留神來，緊接著換我們下水了。

1500 公尺的游泳項目通常是與選手們最親密的戰鬥，為了佔到好的排名和跟游位置，選手們出發後會全力衝刺 200 公尺左右，以拉開與後方的差距，這是關鍵，也是最混亂的時間點。游泳弱項的我同樣盡力前進著，第一圈 750 公尺在人群魚貫之中很快地結束，賽道設計上，選手們要上岸後跑往沙灘處的折返點再進行下一圈，這時候大概可以看到自己的排名位置。真是慘不忍睹啊…職業組選手已經游完了，而我才要開始第二圈。我調節呼吸，努力划動發疼的雙臂，第二圈結束游泳上岸後，身旁是一位北市大鐵人隊畢業的學弟，學弟看著我說：「學長…你剛剛在水裡一直打我。」我：「………」

現在要好好道歉時間可能有點趕，我快速說了一聲「拍謝」後趕緊向 T1 跑去，緊接著下一項 28 公里登山車開始，對於大多數國內參賽者而言，這是一段緊繃又漫長的過程；對我來說，亦是。

28 公里的總爬升將近 1000 公尺，85% 以上的原始越野路段，雖然賽前已分段走過數次，但隨著氣候變化地形仍有所不同，再加上努力游完 1500 公尺後暫時的頭暈和兩手發軟，甫騎進山徑就像肢體不協調的初學

者，開始不久後便向前摔了一跤。顧不得噴飛的運動眼鏡，我快速牽起登山車繼續往前騎乘。摔跤，本來就是體驗越野運動必經的過程，少了這味就不有趣了，不是嗎？

大概進行到路線的中段，身體靈活的感覺漸漸回來了，摔車的陰影並沒有伴隨我，因為前進的鬥志遠遠勝過那陰影。登山車運動有種讓人玩過就回不去的魔力，這是一種一定要親自體驗過才能理解的特殊經驗，它還富含著許多人生哲學，例如路線的選擇。我們要將視線看遠，永遠記得定睛在目標上才不會走偏或歪斜，但即便是走到不理想的路線上了，還是得用全力為自己的選擇負責⋯好啦，讓我們回到賽事現場。

登山車路段中，最令大多數選手難忘的應該是位於中央山脈最南端的門馬羅山，它是美麗的大草原與稜線之山，從視野 360 度的山巔上可俯瞰滿州及恆春山景，國際選手在賽後分享到：「這裡好像瑞士，好美！」吸睛的部分除了美景之外，還有自己與前後方選手的差距，因為門馬羅山一帶的每個山頭相距不遠，選手抬頭轉頭都能看見周遭的一切，非常刺激。遠方一個快速移動橘色點點，那是目前國內排名最領先選手許元耕（阿耕），他是擁有豐富登山車經驗的鐵人好手，我以阿耕為目標，在我擅長的上坡處壓低身軀、瘋狂踩著踏板，雙手像做伏地挺身般的處理著每一個崎嶇地面。在一連串的起伏後，終於來到熟悉的恆春八景赤牛嶺，這表示，我即將完成登山車項目的騎乘，而阿耕早已不知去向。

XTERRA Taiwan 賽事的登山車項目設計，為了能讓選手們體驗最完整且不重複的路線，因此規劃為只有一個前進方向不折返的 A 進 B 出，當選手們完成登山車項目後由工作人員將愛車運送回終點，選手只需換上跑步裝備，盡力向前跑。

一開始，就是震撼的 1 公里陡上坡。11 公里的越野跑項目，選手們將從海拔 283 公尺的赤牛嶺，一路跑回位於海平線的會場－墾丁青年活動中心，這是一趟下坡路段居多的賽道。您感覺很容易是嗎？跑界有這麼一句話：「越野跑是下坡比上坡難的運動。」

　　賽事進行到後段，一定要讓選手們充滿回憶、滿載而歸。自 T2 轉換區出發後，從鎮南宮旁的階梯進入山徑，選手們會經過日據時代後期的日軍軍營和防空洞遺址，道別千年大榕樹後，持續陡上加陡下直至穿越樹林，來到一段熟悉的登山車賽道時，開始長下坡回到海平線。終於，在這裡我又再度看到阿耕的背影。

　　運動競技的意義，其實不單單只有帳面上的成績與排名，對於觀眾而言，我們看到運動員們優秀的表現會被激勵、觸動，運動員在激烈競技之下所彰顯名為「運動家精神」的特質，則是長年來人們為之稱頌與學習的內在力量。對於運動員本身而言，我們要感謝每一位在身前、身旁、身後的戰友，他們不是對手，而是幫助我們突破與實現自我最重要的人。

　　我想我對於「越野跑」是有執著和期待的，雖然短距離不是我的強項，但在換上越野跑鞋那一刻開始，我就是以「喘，還要更喘、痠，還要更痠」的意念往前追跑著。在山林間，半徑 100 公尺之內我們經常是看不到前後、不知道自己離競爭者多遠的，你只能盡力去跑。

　　進入到一段類似月世界地形的下坡前，我來到阿耕身後，互道了一聲加油後便回歸體技上無聲勝有聲的交流，阿耕當時還沒有太多的越野跑經驗，我在這暫時的優勢下拉開了點距離，繼續往終點邁進。

　　無論是登山車或越野跑，高強度之下的大自然運動最不容易、同時也是最重要的部分就是保持「專注」，我們經常因為疲勞或其他生理狀況而分神，增加意外受傷的風險。選手們進入到墾丁青年活動中心後並不是馬上進終點，還有一段 1 公里「絕美濱海青蛙石步道」等著大家專注地完成它。記得我一位香港朋友完賽後的感想：「跑到這想說要結束了，結果工作人員告訴我還有 1 公里，我超想打人！但後來跑到那條步道風景超漂亮，真的還好有跑這裡！」

　　在最後 1 公里路，我擠盡自己最後一滴汁拔腿狂奔，說時遲那時快，一分神腳踢到硓𥑮石，瞬間扭傷了腳踝，眼看終點不到兩百公尺，我努力

忽略大腦關於疼痛的訊號，故作帥氣的回到了終點。

最終成績：3 小時 14 分 54 秒，總排名第 10 名，M25-29 分齡第二名，國內第一位完賽，並獲得前往夏威夷茂宜島 XTERRA 世界錦標賽的資格。

寫到這裡，我要再一次的感謝 XTERRA 團隊接納我、提升我、陪伴我，一年不到的時間裡，在品牌的栽培下我和忠義哥成為了首屆 XTERRA 認證教練（現在國內共有 5 名 XTERRA 認證教練，分別是許元耕、郭修森、王皓正）。我們嘗試了北、中、南巡迴的賽事分享會及訓練營來推廣賽事，我因此重新好好學習如何騎登山車，跟著忠義哥一邊做一邊摸索如何整理賽道，一起完賽、一起前往世錦賽…。三年後的現在，XTERRA 已經成為我生活中的一部分，我熱愛 XTERRA 為我生活所帶來的一切改變。

原來，極限真的是人想出來的

X，在英文中代表著未知；TERRA，是拉丁語中土地和領域的意思。「XTERRA」將兩者結合，引領與鼓勵人們透過大自然運動探索世界的美好，以及那從未想像過的，更好的自己。

「Live More」是 XTERRA 的標語，這是一個帶有魔法的詞語，它要賦予人們「精采生活」的勇氣。

時間再回到 2018 年賽後，所有伙伴們擔心著同一件事：賽道上的選手們不知道狀況如何？會不會摔得亂七八糟的呀…最後的結果讓大家鬆一口氣，受傷需要協助處理的選手並不多，大多數選手都平安完成了比賽。

我想是這樣的，「情勢評估」是人類的本能，大多數選手看到自己無法駕馭的路段就跳下來牽車，或是用超慢速通過，即便跌倒，在慢速下通常不會有嚴重傷害，頂多就是小擦傷，這也難怪 Nico 教練和我們說到：「登山車比公路車安全，因為在大自然中大多的情況是你可以掌握的，但在公路上大多的情況，是你無法掌握的。」

　　另外，我在 XTERRA 賽場中遇到七十多歲完賽的選手大有人在，更厲害的是，XTERRA 世錦賽中還有「勇士組」，他們用普世價值中不完整的身體，完成「正常人」難以辦到的事情－成為 XTERRA 世錦賽完賽者 ，使我們重新定義⋯原來，極限真的是人想出來的。

1. XTERRA 國際教練與種子教練們在墾丁合影
2. 第一屆 XTERRA Taiwan 賽前，江晏慶與夥伴們整理河道
3. 騎乘於 XTERRA 賽道 - 墾丁悠美的山徑中
4. 單車賽段在有美麗大草原與稜線的門馬羅山，可 360 度俯瞰滿州及恆春山景，讓國際選手讚喻美景就像在瑞士
5. 11 公里的越野跑項目從海拔 238 公尺的赤牛嶺一路下坡跑到海平線的會場

（本頁圖片來源皆為：XTERRA）

從跑輸女生到「騎跑雙絕小小江」

「運動是我人生的導遊領隊，引領我無窮無盡的探索。」國小在爸媽的半強迫下，三年級加入了學校桌球校隊，開始我與體育的邂逅。在隊上，我通常是跑輸女生的那一個。學長學弟制下的生活，體能不好的通常會被整、調侃，原本六十幾個新生入隊，在鄭老師（教練）及學長姐的操練和「管教」下，不到一週的時間剩下個位數，而我就是那一個不知道原來可以退隊的笨同學。

三年匆匆過去，菜鳥轉眼變成老鳥，國小即將畢業的我，第一次在跑步測驗後體驗到「變強的感覺」，這種明顯感覺到身體內能量因為訓練而增大的悸動，在當時流行新七龍珠年代的孩子心中，是多大的衝擊。大概是那時候，我有點愛上體能訓練了，應該說是愛上「變強的感覺」，即使我還是跑隊上最後一個。畢業前夕，老師告訴我們：「我們二重國小桌球隊出來的伙伴，未來都是能穩穩站立在社會上的人！」這句話我至今記了二十二年，相信到老人失智時都不會忘記它，以及老師強悍又感性的背影。

真正立志成為長跑運動員，是在國中的時候。就讀明志國中美術班的我，下課經常跟同學到學校對面的體育場玩一些幼稚的追逐遊戲，看到這麼大的 400 公尺操場，一定要給他跑個幾圈，對吧！「沒想到這麼大的操場我可以跑完十圈！」莫大的成就感讓我傾心挑戰更長的距離，每天每日。後來三重體育場慢跑俱樂部的大哥以一句「我們培養國家人才」邀請我入會，開始我規律的長跑生活。我知道，我找到自己這輩子最熱愛的事情了！

運動的際遇讓我認識到很多了不起的前輩、老師與各種新奇的人事物。在前輩們的鼓勵下，我國三時接觸了鐵人三項，而我真正在運動場上嶄露頭角也是在鐵人三項和兩項賽場上，「騎跑雙絕小小江」是大學時期，大腳ㄚ三鐵隊伙伴們幫我取下的臭屁名號。

耐力專長的我很快地轉往長距離鐵人賽發展，同時在大腳ㄚ長跑協會大家庭中，認識了影響我運動生涯深遠的三位前輩－古明政、陳仲仁以及

劉治昀（人稱「古塵流」），他們帶領我接觸越野運動，甚至是後來赴中國參加多日越野冒險賽，也埋下我近年著重於越野跑及登山車運動的根基。

在那個越野跑會被山友誤認是自行車騎士的年代，把運動興趣當工作的人同樣很稀有。我與古塵流三位前輩們在 2012 年合作成立「古塵流冒險運動公司」把興趣當工作，開始承辦與主辦賽事，我們的夢想是把多日越野冒險賽的感動從國外帶回來台灣。可惜在夢想尚未實現前，公司就因故提早結束了。轉換不同的形式，我們四人仍然以運動員、教練、冒險家和推廣者的角色，繼續在夢想上努力著、跑著。

2018 年 XTERRA 來到台灣給了我相當大的震撼，「游泳、騎登山車、越野跑」天吶！這不就是我們夢寐以求的比賽、我們的舞台嗎！因為 XTERRA Taiwan，我重拾了鐵人身份，並在品牌的支持下多了一個XTERRA Coach 的志業，開始在這條多元、豐富、國際性的戶外天堂路上前行至今，未完待續。

▌訓練心法

個人的訓練法有以下特點：

1. 強調功能性，也就是目標導向。先立定遠程目標再規劃近程目標，以此來擬定長期的訓練計畫。一個完整週期最短為四個月。

2. 80% 以上的課表在於建立有氧能力，以輕鬆強度、M 強度為主，過程中會特別專注於動作技術及意象訓練。20% 中高強度的訓練以節奏強度（5-10 公里）的持續跑或巡航間歇為主，400 公尺以下的間歇為輔。肌力訓練一週安排一到兩次。

3. 準備越野跑及登山車，我會將山徑階梯訓練排入週課表當中。

4. 馬拉松賽季中，越野跑訓練僅安排於恢復日操作技術部分，幾乎不進行長距離越野跑訓練。越野跑賽季則會加入公路／田徑場訓練做為恢復及速度訓練，也會透過騎 XC 登山車鍛鍊全身性力量和協調性。

備賽攻略－ XTERRA Taiwan 越野三項

◆ 開放水域游泳

XTERRA 與標準鐵人三項賽的游泳項目同樣為 1500 公尺的開放性水域游泳。訓練重點除了基本的泳技與體能之外，定位與鳴槍下水的衝刺模擬訓練是另一個重點。您可能會想，在耗時長達 2.5-7 小時的 XTERRA 賽事中，短短 1500 公尺的游泳重要嗎？答案是，如果你登山車騎得還不錯，那建議游泳也要游快一點，以爭取較好的騎乘位置和優先路線選擇權。講白話一點，游泳游得慢，腳踏車路段前面都被較慢的選手卡死了，任憑自己功夫再怎麼厲害，也只能乖乖排隊。

◆ 登山車

這是 XTERRA 賽事中的重點加精華項目，如果你對登山車毫無頭緒，建議報名參加 XTERRA Taiwan 舉辦的登山車訓練營以及 meet up（詳情請參考官方粉絲頁 www.facebook.com/xterrataiwan），相信一定會有爆炸性的收穫！除了技巧之外，體能在 XTERRA 賽事中的占比相當高，這不是一場 Down Hill 比賽，而是有上有下的 XC（越野自行車）賽，而且爬升還不少。訓練上要努力增加 off-road 路段的騎乘經驗，並累積總爬升量，這點非常重要，唯有增加實際 XC 騎乘經驗，你才能更準確評估自身能力，以在賽事前擬定好相關的準備。

◆ 越野跑

與登山車的概念相同，高相關性的專項訓練相當重要，在不斷實踐中才能建立協調性。登山車與越野跑訓練能相互搭配輔助，其中一項變強，另一項能力也會獲得某程度的提升。此外，公路上的訓練並非不重要，國外選手之所以能幾乎在 off-road 訓練，是他們的訓練環境較多元方便，而台灣的山徑大多陡峭，平坦的林道通常在偏遠山區，若選手進行全越野訓練強度會太高，搭配公路跑較易掌握恢復和速度訓練。

◆ 肌力訓練

這是三個項目皆需要進行的通識訓練，透過肌力訓練能幫助我們訓練的更久、品質更好、更不容易受傷。這是一個需要特別獨立出來探討的學問，但又得融入於專項訓練週期，有相當的複雜程度。我建議初學者可以從徒手、彈力帶和啞鈴開始著手，再進入到重訓。

◆ 裝備

舉個例子，2018 年 XTERRA 夏威夷世錦賽賽道相當泥濘濕滑，登山車項目不說，10 公里的越野跑我竟然輸最快的選手將近二十分鐘，這讓我驚訝到不行！原來魔鬼藏在細節中，為了提升跑鞋的控制性和效率，頂尖選手會使用加裝釘子的越野跑鞋。裝備應用上的差異就是這麼大，這也是越野運動的有趣之處，它比的不只有體能，還有策略與頭腦，誠如師尊 Nico 向我們說：「Mountain bike is for smart people.」

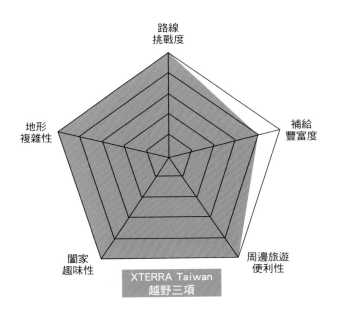

後記

讓讀者看見
不一樣的台灣

「不能當第一那就最後吧！」這是當初我創辦醫護鐵人最開始的起心動念之一。因為運動，我開展了新的人生，更從汲汲營營追求名利，轉而思考如何讓自己活得更精采同時幫助他人。資質不佳的我，雖然曾經在賽場上取得一些小佳績，但與國手級選手相較始終是天差地遠，於是我選擇與醫護鐵人們在賽事的「中後段班」助人救人，更帶領一群熱血且具有醫護專業的夥伴，享受關門前進終點卻不斷被感謝及鼓勵的特殊景致（笑）。也因為醫護鐵人帶來的人脈與機緣，促成了本書的誕生。

我總是喜歡挑戰困難的事情，於是一路走來從平凡的上班族到創業，與朋友合作經營管理顧問公司、創辦醫護鐵人、完成 226 公里超級鐵人三項，甚至在 2020 年獨立創作出版全球第一本介紹台灣耐力型賽事的書籍《醫護鐵人台灣經典賽事全攻略》（以下簡稱醫鐵攻略）獲得熱烈迴響，分別在博客來與 momo 購物登上新書排行榜第二名。

接著透過醫鐵攻略一書，成功將各知名賽事主辦單位跟品牌商整合，以「台灣經典賽事分享會」的名義於 2020 年 10 月 6 日，舉辦一場近二十年來台灣最大的賽事領袖高峰會，邀請書內介紹之著名賽事主辦的負責人或重要窗口，如 Challenge Taiwan 執行長羅威士、台灣鐵人三項公司總經理鄭世奇、知名運動媒體如運動筆記創辦人姚焱堯等，一同為台灣的優質賽事發聲，讓更多資源得以在兩者間無縫接軌，直間接嘉惠於參賽者。

自此之後，我便一直在思考如何將正確的運動觀念跟優質賽事有系統地介紹給更多普羅大眾。很幸運地，在醫鐵攻略新書發表會時，受到出版社社長的鼓勵，讓上述的想法順利地應運而生。

為了持續正面能量，我又再次迎接新的挑戰－集體創作。正巧，本書與醫鐵攻略兩本圖書的創作初期，都正逢新冠肺炎疫情盛行期間，在賽事

接連停辦的閒暇之餘，我嘗試邀請曾完賽過鐵人三項並且在各領域具備影響力的朋友們，一同開啟運動圈創作新模式。藉由此書將層次昇華，將具有影響力的鐵人、品牌商與賽事主辦單位融合為一鐵三角，讓台灣的賽事發揚至全世界。冀望在台灣經典賽事之後，未來還能推出《18 鐵人》系列書籍，如亞洲篇、歐洲篇、美洲篇、日本篇…。

本書能夠完善，我想感謝功不可沒的編輯，因為十八位名人作者個性及寫作經驗都不同，卻要放在同一本書內沒有違合感，考驗的已經不只是作者們的功力，而是編輯居中的協調，讓我們這些奔馳在賽場上的鐵人們，能將真實印象順利呈現在各位的眼前。

談到這邊，要感謝的朋友還是太多，雖然沒辦法逐一細列，但光看二十三位列名的推薦人，又可以說上好一段了。再次感謝三鐵一姊李筱瑜、鐵人一哥謝昇諺、TVBS 主播夏嘉璐、國立台灣師範大學體育與運動科學系教授程紹同，以及易飛網營運長張仕賢為本書寫推薦序，也希望透過本書所有的夥伴，能讓讀者看見不一樣的台灣。台灣加油！

陳彥良
醫護鐵人創辦人

國家圖書館出版品預行編目（CIP）資料

狂飆的 18 鐵人：台灣經典賽事與備賽攻略 / 陳彥良，王千由，王心恬，江晏慶，何航順，李詹瑩，林玉芳，林金財，林澤浩，范永奕，段慧琳，姚焱堯，姚黛瑋，許元耕，郭修森，郭家齊，黃柏青，楊志祥，謝伯韶作 . -- 初版 . -- 臺北市：墨刻出版股份有限公司出版：英屬蓋曼群島商家庭傳媒股份有限公司城邦分公司發行, 2021.08

面；　公分

ISBN 978-986-289-609-9（平裝）

1. 三項運動 2. 運動訓練

528.9474　　　　　　　　　　　　　　　　　　　　　　110011434

狂飆的 18 鐵人
台灣經典賽事與備賽攻略

作　　　者	醫護鐵人 陳彥良、王千由、王心恬、江晏慶、何航順、李詹瑩、林玉芳、林金財、林澤浩、范永奕、段慧琳、姚焱堯、姚黛瑋、許元耕、郭修森、郭家齊、黃柏青、楊志祥、謝伯韶
責 任 編 輯	林宜慧
美 術 編 輯	袁宜如
行 銷 企 劃	周詩嫻

社　　　長	饒素芬
事業群總經理	李淑霞
發 行 人	何飛鵬
出 版 公 司	墨刻出版股份有限公司
地　　　址	台北市民生東路 2 段 141 號 9 樓
電　　　話	886-2-25007008
傳　　　真	886-2-25007796
E M A I L	service@sportsplanetmag.com
網　　　址	www.sportsplanetmag.com

發　　　行	英屬蓋曼群島商家庭傳媒股份有限公司城邦分公司 地址：104 台北市民生東路 2 段 141 號 2 樓 讀者服務電話：0800-020-299 讀者服務傳真：02-2517-0999 讀者服務信箱：csc@cite.com.tw 劃撥帳號：19833516 戶名：英屬蓋曼群島商家庭傳媒股份有限公司城邦分公司
香 港 發 行	城邦（香港）出版集團有限公司 地址：香港灣仔駱克道 193 號東超商業中心 1 樓 電話：852-2508-6231 傳真：852-2578-9337
馬 新 發 行	城邦（馬新）出版集團有限公司 地址：41, Jalan Radin Anum, Bandar Baru Sri Petaling, 57000 Kuala Lumpur, Malaysia 電話：603-90578822 傳真：603-90576622

經 銷 / 商	聯合發行股份有限公司（電話：886-2-29178022）、金世盟實業股份有限公司
製　　　版	漾格科技股份有限公司
印　　　刷	漾格科技股份有限公司
城 邦 書 號	LSP012

I S B N　978-986-289-609-9（平裝）
I S B N　978-986-289-663-1（EPUB）
定價 380 元
2021 年 11 月初版

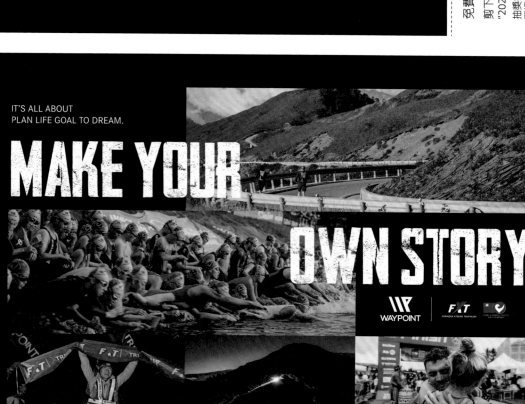

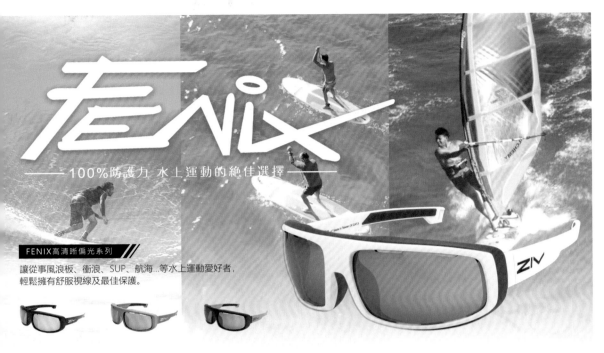

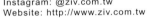